人材紹介のプロがつくった

働く発達障害の人の
キャリアアップに必要な
50のこと

石井京子・池嶋貫二・榎本哲・林哲也 著

弘文堂

はじめに

　著者が障害のある人の就労支援に携わるようになって 16 年、さまざまな障害のある人に対応する中で、発達障害のある人の相談が増えてきたのは 2008 年の暮れ頃からでした。相談者の中には有名大学を卒業し、大手企業に就職したものの、適性に合わない仕事に就いたため続けられず、職場の人間関係に悩み、比較的短期間で離職した後は派遣社員として就業せざるを得なかったという人が多くいました。その後、リーマンショックによる経済環境の悪化から、派遣社員としての仕事を失い、著者の元へ相談に来た人がほとんどでした。長く安定して働いていくために、障害者雇用枠での就労を決心したものの、その頃はまだ社会で発達障害が広く知られていなかったため、就職活動で苦戦していました。そんな彼らのために障害者雇用枠での就職活動のガイドブックがあれば役に立つのではないかと考え、2010 年に『発達障害の人の就活ノート』を刊行しました。就職活動中の皆さんから大きな支持をいただき、この本を参考に就活を行ったところ、企業から内定をもらえたという読者の方から多くのメールをいただくようになりました。おかげさまで現在もロングセラーとなっていますが、人生の重要なステージである就職という場面で、少しでもお役に立てたなら嬉しく思います。

　その後も発達障害のある人たちに知ってほしいこと、企業の採用担当者に知ってほしいこと、近い将来、就職活動が始まるであろう大学生に知ってほしいことを伝え、就労が進むことを願い、シリーズで次々に刊行してきました。そして、1 冊目の刊行から 8 年が経過した現在、発達障害のある人の就労環境は大きく変化しています。背景には法定雇用率

の引き上げがありますが、厚生労働省発表の『平成29年ハローワークにおける障害者の職業紹介状況』でも精神障害者の就職件数は4万5,064件（前年度比8.9％増）と近年増加の傾向が続いています。障害特性や雇用制度の枠組から、多くの発達障害当事者がこの数字に含まれるものと考えられます。このように、発達障害のある人たちの就労が進んできたことは、感慨深いものがあります。しかし、一方で、すでに就職してから数年が経過した人の中には、日々の仕事をこなすだけで精一杯で、キャリアアップをしたくともどのようにすればよいかわからない人も少なくないように思います。そこで、シリーズ第10弾の集大成として、発達障害のある人たちのキャリアアップを応援する本書を刊行することになりました。

　本シリーズでは多岐にわたる視点をご紹介したいと、毎回医療や支援の専門家にご協力をお願いしています。本書でも林哲也先生、池嶋貫二氏、後述の「発達障害のある人のキャリアアップ創出プロジェクト」の榎本哲氏に共著をいただき、また就労移行支援の現場からは、さら就労塾の安尾真美氏、對馬陽一郎氏、教育に携わる国際医療福祉大学の小野寺敦志先生、そしてHライフラボ代表の岩本友規氏からは貴重な体験に基づくコラムをお寄せいただきました。

　本書が発達障害のある人に将来の地図を示し、成長したいと願う人にとって道標のような役割を担えればと思います。就業する発達障害のある人が自分のキャリアを見つめなおし、モチベーションを持ち続け、さらなる成長を目指すための何らかのヒントとなれば幸いです。

石井京子

目次

はじめに

第1章　働くために必要な基礎知識 ······················· **1**

学校では教えてくれないこと ························· **2**

自分のペースで過ごせない ························· **8**

オフィスレイアウトを知る ························· **10**

働くスタイル ································· **12**

仕事で求められること―主体性 ··················· **17**

誰も教えてくれないこと
―職場の常識、周囲とのコミュニケーション ········ **20**

仕事ができる人の習慣 ························· **22**

仕事に向かう姿勢 ····························· **27**

コラム　**発達障害のある人のキャリアデザイン
―自分のロールモデルを見つけよう　安尾真美** ········ **29**

第2章　脳機能と発達障害 ························· **35**

思考について ································· **36**

想像力について ······························· **40**

認知の特性について ··························· **43**

行動について ································· **51**

器用さについて ······························· **53**

社会性について ······························· **54**

発達障害のある人がいきいきと働くには ············· **56**

コラム　**発達障害のある人が働くうえでの工夫　對馬陽一郎** ·· **58**

目次　Ⅴ

第3章　働き始めてからの課題 ……………………………… 63

雇用促進から職場定着へ ……………………………… 64

想像と違った実際の仕事 ……………………………… 65

待つことも仕事 ………………………………………… 68

できる仕事・できない仕事 …………………………… 70

本音と建前に悩む ……………………………………… 72

障害情報の引き継ぎ …………………………………… 74

悩ましい管理職への道 ………………………………… 76

人事評価が受け入れられない ………………………… 78

保護者の過干渉 ………………………………………… 82

仕事の上手な教わり方 ………………………………… 84

職場では当たり前の曖昧な言葉 ……………………… 86

合理的配慮の課題 ……………………………………… 89

咄嗟の対応が求められる ……………………………… 91

ばらつきのある職場の障害理解 ……………………… 93

職場で垣間見るさまざまな障害特性 ………………… 95

コラム　「リアルタイム自己理解」のススメ　岩本友規 …… 101

第4章　キャリアアップ創出プロジェクト ………… 107

自分のことがわからないままでの自立の難しさ …… 108

就業定着からキャリアアップへ ……………………… 111

キャリアアップ創出プロジェクトの概要 …………… 115

自分の伝え方 …………………………………………… 119

ビジネスに必要な「言葉にする力」を学ぶ ………… 122

ビジネススキル基礎講座を振り返って ……………… 131

障害特性を活かして働く ……………………………… 135

プロジェクトを補完するアプローチ ………………… 139

コラム　「合理的配慮」のある共生社会を目指して　小野寺敦志 … 146

第5章　発達障害のある人が活躍する未来　……………151

働く発達障害のある人のキャリアアップのために ………**152**

プロジェクトが目指すもの …………………………**156**

安定したパフォーマンス …………………………**157**

自分を成長させるには …………………………**158**

ビジネスパーソンとして成長するには ……………**160**

知識は得るだけではなく活かすもの ………………**161**

世の中の本質をつかむトレーニング ………………**165**

自分がどのようになりたいか ………………………**168**

根回し ……………………………………………**170**

ネットワークを作っておこう ………………………**172**

支援者の存在 ……………………………………**173**

企業経験者による適切な支援―必要なのはプロボノ？ **174**

発達障害のある人を支えるための効果的な方策 ……**175**

発達障害を理解する人材を増やすために ……………**177**

おわりに

第1章 働くために必要な基礎知識

学校では教えてくれないこと

　著者はこれまで障害のある人の就職支援に携わってきましたが、2008年の暮れあたりから発達障害のある人の就職・転職相談が増えてきました。2008年秋のリーマンショック後の経済環境の悪化が雇用に影響していたのだろうと思われます。それ以降、数多くの発達障害のある人とお会いし、職場での悩みごとや困りごとを聞くことが続いています。

　発達障害のある人たちの相談を受けるようになった当初は、学校では成績優秀であった方々も多いのに、就職後にさまざまな理由で仕事がうまくいかなかったと話す方が非常に多いことに驚いたものでした。成績がよく、勉強ができる生徒と評されていたのに、働き始めてからすべてがうまくいかなくなってしまったというのは大変残念なことですし、何か対策はないものかと一緒に考えてきました。

　話を聞くと「大学（あるいは高校）まではうまくいっていた」という当事者の方がほとんどです。なぜ、急にうまくいかなくなってしまうのでしょうか？ これには実は、高校から大学へ、また学生から社会人へというタイミングでの環境変化が関係しています。もちろん、就職活動が始まる前には、大学のガイダンスでも社会人としての心得やマナーなどについての講義はありますが、発達障害のある人に大きく影響する環境変化について、特に語られることはありません。こうしたガイダンスで情報を得られないとなると、発達障害のある人たちが就活に必要な知識やスキルを入手する機会は極端に減ってしまいます。これは、コミュニケーションを苦手とする発達障害の障害特性に起因するものです。

　大多数の学生は、大学の部活やサークルなど、それぞれが小さなグルー

プに所属し、メンバー間の交流があります。あるいは学業の合間のアルバイトで、他人との関わり方を経験しています。学生生活をエンジョイしながらも、いったん就職活動にギアをチェンジすれば、これまでの経験や、学生生活を通じて得たさまざまな情報から、企業に求められる人材像を自然に作り上げることができるのです。企業のインターンシップもそつなくこなし、順調に内定をもらうことができるでしょう。

ところが、大学でも私生活でも同級生との交流がほぼないに等しい発達障害のある学生には、就職活動に関する情報が入ってきません。さらに、人との関わりの少なさや苦手意識が影響して、就職活動でつまずいてしまう人が多くいます。特に面接では苦戦が続きます。就職という場面では、人と関わった経験がないというのは大きなディスアドバンテージです。さらに、体力の無さや感覚過敏の問題も加わります。

コミュニケーションスキルや安全で健康に働くための体力など、社会人に求められるこれらの要素は、当たり前のものと考えられ、敢えて言葉で語られることがありません。そのため、発達障害のある学生はこれらの重要性を意識せずに卒業を迎え、入社後、周囲の環境に適応できない自分に気づかされることになります。

✒ 環境の変化─高校から大学へ

高校までは授業の時間割が決まっています。授業スタイルも座学形式で、教科書を元に学ぶものが大半です。なかには、体育や表現を伴う美術や工芸の授業もありますが、時間数も少なく、うまくできなくても、他の科目の成績が良ければどうと言うことはありません。試験でそこそこの点数が取れる人は、そのまま大学へ進学するでしょう。

一方、大学に入ってからは環境だけでなく、学び方のスタイルも大き

く変化します（次項参照）。なにか不都合な状態にいるのだけれども、その状況を言語化することが特性上難しいために、どうしたらいいのかわからず途方に暮れる人も少なくないと思われます。自由な学びの場での心もとなさ、学業と就職活動を並行して進めることの難しさ、発達障害のある学生にとって大学は苦戦を強いられる場所です。大学に入学したときから、「変化」は始まっているのです。

学び方のスタイルの変化

　大学は自由な学びの場です。時間割が決まっていた高校までとは異なり、自分で受けたい科目を選択し、時間割を組みます。授業科目には、すべての学生がとらなければならない必修科目、自分の興味・関心のあるものを選べる選択科目があります。

　また、科目によっては履修すべき学年が決まっていることがあります。発達障害のある学生が履修登録で失敗した、苦労したというエピソードはよく聞きます。履修登録の際、教員から、勉強しておいた方がよいと言われた科目をすべて選択し、「授業数が多く非常に大変だった」「自分の興味のある科目ばかり選択していたら、偏りがでてしまった」などです。他にも、「その学年で取得すべき単位数ぎりぎりしか履修登録をしなかったので、1単位落としてしまい、進級できなかった」「卒業研究に必要な単位数を満たしていなかったため、1年留年することになってしまった」などのエピソードが挙げられます。履修登録には授業の履修の仕方を理解して、必要な単位数を満たし、なおかつ自分の興味のある科目も取り入れていくという、全体の履修スケジュールの把握とバランス感覚が必要です。

　また、高校までの授業は座学型が中心であったと思いますが、大学の

授業では実験、実習、演習など、講義ではなく、実際に体験しながら学ぶ内容が増えます。発達障害のある学生の場合、独学を好む学生が多いように感じます。そのため、演習や実習ではグループの中でうまく過ごせなかった経験のある人も少なくありません。

　さらに、高校までとは成績の評価方法も変わります。小論文形式の試験や、試験の代わりにレポートを提出する場合もあります。レポートとは、与えられたテーマに対し、関連する文献や資料を読み、わかったことや自分の考えを論述するものです。実験や調査を行い、その結果をレポートにすることもあります。

✔ 求められるものの変化

　高校生までは、どのような勉強の仕方をしていても、たとえ勉強をしていなくても、試験の点数がよければ褒められました。発達障害のある人は、独自の方法、独自のペースで、他の学生とはあまり関わることなく、一人静かに勉強してきた人が多いのではないでしょうか？　学校の授業では教員の話を聞いていてもいなくても、試験で良い点数さえ取れば問題なく過ごしてこられました。しかし、大学に入ってからは授業の受け方や、試験の受け方をはじめとした学び方のスタイルが変化し、それまでのやり方では通用しなくなってしまったのではないでしょうか？

　発達障害のある人は、自分の興味のあることには高い集中力で熱心に取り組みます。また、受験や資格試験など目標とゴールが明確にわかっているものについても、自分のペースとやり方でコツコツと勉強し、独学で良い点数を取ることが可能です。しかし、仕事というものは資格試験や受験勉強とは違います。一人だけで完結するような作業はほとんどなく、同僚や上司とのコミュニケーションが必要です。また、仕事には

第 1 章　働くために必要な基礎知識　　5

正解と言える答えが必ずしもあるわけではありません。

　高校から大学入学後の学生生活、そして就職後と、それぞれの場面で求められる役割や能力はどんどん変化しているのです。

勉強ができても仕事ができるとは限らない

　社会に出ると、学生のときとは求められるものが大きく変化します。試験で良い成績を収めるために役立っていた知識と論理的思考だけでは十分ではありません。職場では、知識よりも複数の人と円滑なコミュニケーションをとり、協働して仕事を進める力が求められます。つまり、勉強ができても仕事ができるとは限らないのです。

　社会に出て長く活躍していくためには、これまでとは違う学び方、成長の仕方を理解する必要があります。なぜなら、社会に出て働くためには、自分で考え、自分で行動するというセルフマネジメントが求められているからです。

　さらに、上司や同僚と協働で仕事を進めるためには、メンバー同士の円滑な意思の疎通が欠かせません。学生の皆さんも、すでに社会経験を積んでいるという人も、周囲から求められていることを意識し、理解したうえで行動することを心がけていただきたいと思います。

将来就く仕事の変化

　時代の変化に伴い、皆さんが将来就く仕事（職種）も変わっていきます。これまでを振り返っても、特に90年代半ばからはインターネットが急速に全世界に広がったことで、それまでになかった仕事が次々に生まれました。システムエンジニアに代表されるIT分野の仕事を取り巻

く状況は、インターネット以前と以後とでは大きく違うことが想像できるのではないでしょうか？

　このように社会や経済の変化は、職種をはじめ仕事をとりまく環境にも影響します。そして現在、すさまじい勢いで拡大しているのが人工知能（AI）に関連する市場です。今後、AIが人間の論理的思考力をはるかに上回る能力を獲得する可能性があります。それにより、これまで学力の高い人（知識と論理的思考能力を持つ人）にとって適職とされてきた専門知識を要する職種（弁護士／司法書士／土地家屋調査士／税理士／弁理士／公認会計士／一級建築士／不動産鑑定士／行政書士／社会保険労務士）なども、もしかするとAIにとってかわられる可能性があります。2015年12月に発表された「10〜20年後に国内労働人口の49％にあたる職業について、人工知能やロボットで代替される可能性が高いという推計」（野村総合研究所）の試算結果は、社会に衝撃を与えました。

表1 近未来になくなることが予想されている仕事の例

> レストランの案内係、レジ打ち、ホテルの受付、電話オペレーター、電話販売員、訪問販売員、集金担当者、クレーム処理担当、データ入力作業、銀行の融資担当、保険の審査担当、クレジットカードの調査担当、クレジットアナリスト、簿記／会計／監査の事務員、測定作業員、不動産ブローカー、弁護士助手、時計修理技師、映写技師、カメラ／撮影機器の修理技師、メガネ／コンタクトレンズの技師、測量技術者、建設機器オペレーター、塗装工、娯楽施設の案内係、スポーツの審判員…etc.

第1章 働くために必要な基礎知識　**7**

自分のペースで過ごせない

　働き始めると、生活スタイルはもちろんのこと、求められる役割や能力も学生の頃とは大きく異なります。ところが、発達障害のある人の中には、それまでのやり方を変えようとせず、うまくいっていないことは感じていても、何が悪いのかがわからないという人も少なくありません。

　職場では、決められた方法、求められるスピードで、標準以上のレベルで仕事をこなすことが期待されています。発達障害のある人の中には独自のやり方を曲げない人がいますが、職場によっては仕事の順序や道具を置く場所まで細かく指定されていることがあります。自分のやり方で仕事を進められないだけでなく、職場に自分だけの居場所がないこと、自分のペースで進められないことが大きなストレスになる場合もあります。

自分のスタイルが通用しない

　就職すると、学生の頃から続けてきた自分のスタイルが通用しません。それは、教室と職場という環境の違いもありますが、そもそも授業料を支払い、授業を受講する学生と、企業から給与を支払われる社員とでは、求められることがまったく異なるわけです。発達障害のある人の場合、想像することが苦手なため、職場で求められていることがわかりません。

　自らが経験し、失敗して、やっと求められていることに気づく場合もありますが、なぜ自分はうまくいかないのか、どうすればうまくいくのか、わからないまま困っている人も少なくないようです。

大勢と一緒に過ごす

　職場は、それまでのように自分のペースで過ごせる環境ではありません。大勢が勤務するワンフロアのオフィスでは、電話の着信音やそれに対応する社員の話し声が聞こえるような騒がしい環境でも、自分の業務に集中し、場合によっては複数の作業を同時にこなさなければなりません。学生時代、大人数が受講する大教室の環境を騒がしく感じた方がいると思います。聴覚過敏を持つ人にとっては、職場は苦痛を感じる環境と言えるでしょう。授業は限られた時間ですから、単位を取得してしまえば、もう教室に行く必要はありません。ところが、オフィスの騒音はずっと続きます。学生のときは休講日や、授業の少ない日があったかもしれませんが、働き始めると、週5日（月曜～金曜）フルタイム勤務で1日8時間近くを職場で過ごします。さらに、多くの職場では時間外業務が発生することもあります。長時間をオフィスで過ごし、自分に課された仕事は期限までにきっちりやり終えるために、パフォーマンスを落とすことなく働き続けることができる体力が必要です。

　発達障害のある人がフルタイムで働き、長く活躍していくためには、長時間勤務もこなせる体力、大勢の人と一緒に過ごしても平気でいられるストレス耐性が必要です。初めから体力、気力が備わっている人はいません。ウォーキング、軽いランニング、ジムでのトレーニングなどで極力身体を動かし、体力作りを行いましょう。騒がしい環境でのストレス耐性については、学生の頃からさまざまな年代の人たちと一緒に過ごす経験を作り、そういった環境に慣れておくといいでしょう。地域やボランティアなどのイベントに参加することが良い経験となります。経験がない人は今からでも遅くありません。人との関わり方は、社会人として身につけておくべきスキルの一つです。

オフィスレイアウトを知る

　学校の教室は黒板、もしくはホワイトボードの方向にすべての机が向いていますが、このレイアウトはスクール形式と言います。大学では大教室での授業もあれば、少人数でのゼミ形式の授業もあったのではないでしょうか。フリーアドレス制を導入する会社も増えてきましたが、職場では所属部署ごとのチーム単位で座席が決められることが一般的です。会社での仕事は、一人ひとりの担当業務は決まっているかもしれませんが、チーム全体で協力して進めていくものです。そのため、お互いの作業の進捗状況を確認しあったり、わからないことがあれば質問したり、確認しながら作業を進めます。

　つまり、職場では同じ部署の人たちがまとまって座ります。左右、あるいは向い側の席の先輩や同僚と会話がしやすい距離にいますので、常に密なコミュニケーションをとりながら、協同して業務を進める必要があるのです。スクール形式のレイアウトでは、コミュニケーションがとりづらく、チームで相談したり、協力しあって業務を進めるには効率的ではありません。

　事業内容、部署の規模、職種によってもレイアウトは異なります。事務系の職場で大勢の社員が同じフロアーで執務する場合には、部署ごとにデスクを長方形型に配置する、対向式レイアウトが用いられます。スペース効率がよく、周囲とコミュニケーションをとりやすいのが特徴です。このような環境では、電話の鳴る音、電話対応をしている人の会話が耳に入ってきますので、聴覚過敏のある人の中には自分の業務に集中することに困難を感じる人がいるかもしれません。

図1 オフィスレイアウトの代表例

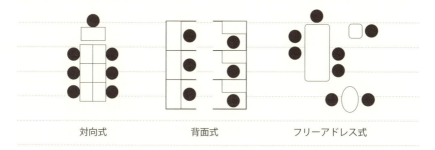

対向式　　　　　背面式　　　　　フリーアドレス式

　その他のレイアウトとしては、グループ内の人がお互いに背を向けるようにデスクを配置する背面式レイアウトがあります。正面に人がいないので、集中して作業ができます。また、椅子を後ろに向けることで後ろの席の人とコミュニケーションをとるのも容易です。外資系の企業などでは、各個人のスペースをパーティションで区切ったレイアウトも見受けられますが、パーティションのコストがかかり、スペース効率性も良くありません。すべての企業でプライバシーとコミュニケーションの両面に配慮できるこのようなレイアウトを導入できるとは限りません。

　また、最近ではフリーアドレス制が導入されつつあります。個人指定の座席を設けずに空いている席を自由に選んで座るスタイルです。必要最低限度の座席数で済み、また、部署や役職を超えたコミュニケーションがとりやすいのが特徴です。配置としては対向式レイアウトと同じですので、作業に集中し、プライバシーを確保しやすいとはいえません。

　ここでは代表的なレイアウトを紹介しましたが、学生時代との違いは座席を自分で選ぶことができないということです。また、職場ではレイアウト変更、座席変更も頻繁に発生します。発達障害のある人の中には、ちょっとした環境変化にも弱い人が少なくありませんが、職場での日々の変化を受け止め、慌てず、動揺することなく対応していきましょう。

働くスタイル

　p.10 で対向型のオフィスレイアウトについて説明しました。一般的に事務系の職場では部署ごとにまとめられたデスクを「島」と呼びます。この島では、隣接した左右・正面の席に同じ部署のメンバーがいますので、業務上必要なコミュニケーションがとりやすいでしょう。一方で、一挙手一投足を周囲に見られることにもなります。

✔ 一日中パソコン画面に向かうこと

　企業の業種、職種によって、その仕事内容はさまざまですが、障害者雇用の事務系職種で働く人の場合、パソコンを使用して、データ入力や資料作成などを行うことが一般的です。1日の時間の大半をパソコンの画面を見ながら過ごすことになります。

　発達障害のある人の中には特性上の理由から、一日中デスクに座り、パソコンの画面に向かって、黙々と仕事をすることを辛く感じる人がいるかもしれません。たくさんの職種の中から自分にはどのような仕事が合うのかを考えることも大切です。

　また、ちょっとした工夫で特性から生じる困難さを軽減させることもできます。自分の特性から長い時間デスクに座り、じっとしていることが苦手な人は、ときどき席を離れて、身体を動かすことが心身のリフレッシュにつながり、業務効率の向上につながることを上司に説明し、郵便物の投函など、ちょっとした雑用を率先してやらせてもらうのもよいかもしれません。

休憩はいつ取るのか

　発達障害のある人の中には、スケジュールが決まっていると安心する人がいます。学生のときは授業の時間が決まっていましたから、自動的に授業以外の時間が休憩時間になっていました。働き始めると、工場の現場やコールセンターなどは別ですが、事務系の職場で昼休み以外に休息時間を設けている職場はありません。一日の長い執務時間中にトイレに行ったり、リフレッシュコーナーで飲み物を飲んだりして、自分で短い休息時間をつくるなど、セルフコントロールが基本です。

　勤務時間内ではこなせないほど仕事量が多く、朝、職場に出勤してから終電近くまでずっと忙しくしている、というような働き方は少なくなりましたが、一つのことに集中しやすい発達障害のある人にとって、上手に休憩を取ることは非常に重要です。少なくとも1日8時間以上、週5日働き続けられる体調の維持を心がけましょう。

求められるスピード

　学生時代と違い、職場では「マイペース」ではいられません。働く場面で求められるのは、「マルチタスク」や「スピード」です。それらは、発達障害のある人が今までは意識してこなかったものだと思います。

　設定された締切りよりも前に仕事を提出するということは、職場では当たり前のことです。しかし、これまでずっと自分のペースで毎日を過ごしてきた発達障害のある人の場合には、早く完成させて、早く提出するという要求をプレッシャーに感じることがあるかもしれません。

　また、職場に配属されると、まず指導係の先輩から新しい業務を教えてもらいます。このとき、先輩に手間をかけさせずに最短で（できれば

第1章 働くために必要な基礎知識　13

１回で）覚えることが望ましいでしょう。しかも、できるだけ早く覚え、自分一人でこなせるようになることが期待されています。厳しい先輩は「一回しか説明しないから、真剣に聞いて覚えるように」などとプレッシャーをかけてきます。職場では、初めて説明を受けた業務も瞬時に理解し、すぐに対応できる人が評価されます。

　口頭での指示は、聞き取りが弱い人にとっては辛い状況かと思いますが、定型発達の人も含め誰もが一回聞いただけで覚えられるわけではありません。なるべく早く仕事を覚えるために、言われたことをメモするのはもちろんのこと、その日の業務の要点をまとめ、自分用のマニュアルを作成するなど、努力が必要です。ある相談者は「毎日の仕事をこなすだけで精一杯でした。自分だけ仕事が覚えられないのはどうしてだろうと悩んでいました。同期の社員がマニュアルを作り、仕事内容の復習をしていたことにまったく気づきませんでした。それを知ったときには同期にすっかり差をつけられてしまっていました」と語りました。

複数の業務を同時にこなすこと（＝マルチタスク）

　発達障害のある人の中には、複数の仕事やスケジュールの管理が苦手な人も少なくありません。なかには、一つのことへの集中力が高く、突出した能力を発揮する人もいますが、一方で、複数のことに同時に注意を配ることが苦手で、マルチタスクの難しい人がいます。一つひとつの仕事はたいした量でなくても、次々と仕事が舞い込み、やるべきことが増えてくると、小さな仕事を忘れてしまったり、仕事の期限を勘違いしたりといったミスが起きがちです。一つでもミスが発生すると、慌ててしまい、さらに混乱する人がいます。

　発達障害のある人の中にスケジュール管理を苦手とする人が多いわけ

は、先の見通しを持ちづらい特性があるからと言われています。先を見通せないということは、例えば、一般的には、スケジュール作成の際は、プロジェクトが予定より少し遅れることも織り込み、前倒しで作成するものですが、最悪のケースを想定する力が弱いため、ぎりぎりにスケジュールを組んでしまいます。そのため、突発的なトラブルなどが起きると、うまく管理できず締切りに間に合わないという状況が発生し、予定変更にも柔軟に対応できずに行き詰まってしまいます。

違いを理解し、意識した対応が必要な理由

　定型発達の人の多くは、新卒で入社後、学生から社会人へのシフトチェンジにも柔軟に対応し、社会人としてのふるまいが自然に身についていきます。一方、発達障害のある人は、学生と社会人で求められることの違いとその水準に気づくことができません。社会経験もなければ、想像することも苦手な発達障害のある新入社員は、なぜ自分に与えられた仕事がうまくこなせないのか、わからないままに苦しい時期を過ごします。

　小さな変化は、高校から大学に進学した時期に起こっていたはずです。p. 4でも説明しているように、自由な学びの場である大学では、それまでの受動的な高校時代の学びとは異なります。自由な学びの場であるがゆえに、自主性を求められ、大学生活での適応につまずく学生も少なくありません。大学では教員の講義を聴く授業以外に、少人数でテーマに関する報告や議論を協働で行う演習が加わりますが、実際の仕事も、自分一人でするわけではなく、チームで行うものです。仕事上なんらかの問題が発生したときにも、チームのメンバーと相談して課題に取り組むことになりますから、大学で行われている演習スタイルの講義での経験が、実際の職場での業務の進め方に近いでしょう。

第1章 働くために必要な基礎知識　15

チームワークがわからない

　あるとき、大学を卒業されたばかりの当事者の方が、著者のところへ就職相談に来られました。真面目な努力家で、優秀な方でしたが、ゼミではうまくいっていなかったという話が気になりました。もし、就職後、職場で問題が発生して、解決方法を探ろうとしても、周囲とのコミュニケーションがうまくとれないかもしれないと一抹の不安を感じたため、就労移行支援の利用をお勧めしました。

　数ヶ月後、改めて本人とお話しする機会があり、次のようなことを語ってくれました。「これまで、わからないことがあると、あれこれずっと一人で考え、自分一人で答えを出そうとしてきた。グループワークを経験して、一人だけでやらなくてもよいということがわかった」

　わからないことは、他の人に教えてもらうことで、仕事をやり遂げることができます。細かい知識は持っていなくても、その知識を持っている人を見つけ、必要な情報が首尾よく得られれば、その仕事は達成することができるのです。

　冒頭の当事者の方は、チームワークという言葉は知っていても、その意味がわからなかったそうですが、グループでの活動を通し、経験することで身につけることができました。短期間ではありましたが、就労移行支援の利用で、貴重な経験を積み、社会人として必要なスキルを理解され、現在正社員として就業されています。定型発達の人にとっては一般常識と思われることも、社会人経験のない発達障害のある人には、丁寧に説明する必要があります。特に、仕事をする上で求められるのはどういう知識やスキル、行動なのか、なぜそれが必要なのかも含め説明することで、理解が進むと思います。仕事をする前に知っておいて欲しいことは自著『発達障害の人のビジネススキル講座』でも紹介しています。

仕事で求められること
―主体性

　学生の間は、大学で専門知識や資格を習得することを学生生活の目的に考えているかもしれませんが、社会で求められる力はそれだけではありません。企業が新卒採用で求めるレベルと、学生の実態は大きくかけ離れているようです。若手社会人を対象とした調査（Benesse 教育研究開発センター「社会で必要な能力と高校・大学時代の経験に関する調査」2010）によると、社会で求められる力は「問題解決力」「継続的な学習力」「主体性」「チームワーク力」「自己管理力」が上位でした。これらは社会人を経験し、必要性が身に染みてからの回答であり、社会で必要とされるこれらの要件を学生が在学中に学習する機会は十分でないようです。

✔ 企業が求める主体性の例

　企業が新卒採用の学生に求める能力については、各社 Web サイト内の採用ページで公開しています。「主体性」について、それぞれどのように表現しているのか、以下にご紹介します。

　例えば、世界の有力企業トップ 10 に入るトヨタ自動車の採用ページを見てみましょう。「自ら高い目標を掲げ、周囲を巻き込んで挑戦していく人を求めます」というフレーズが掲載されています。「モノづくりを通じて、豊かな社会づくりに貢献する」というのがトヨタの企業理念です。就職とは企業や団体に所属して、社会をつくる側になることです。社会人としての行動は仕事を通じ、誰かの役に立ち、社会に対する責任を果たしていくことです。皆さんは仕事を通して成長し、会社に貢献し

第 1 章 働くために必要な基礎知識

ますが、皆さん自身は会社に貢献することで、充実感を得ることができるでしょう。

そして、トヨタの企業風土の中では、あえて「困難で高い目標」を自分で掲げ、現場の事実をしっかり見据えたうえで、泥臭く、愚直に、そして主体的にやり抜いていける人、他の価値観を尊重し、意見に謙虚に耳を傾け、周囲を巻き込んで仕事を進めていくことを、グローバルな舞台で実行できる人が「求められる人材」として挙げられています。

その中でも、特に重視しているのは、「困難で高い目標を自分で掲げ、常に前向きにチャレンジできる人」「他の価値観や意見を尊重し、チームワークを大切にできる人」とされています。求められる要件の中で最も意識したいのは、「主体的に取り組むこと」です。「主体的に取り組む」ということは漫然と仕事をこなしていて身につくものではありません。必要性を知り、自分で考え抜き、自ら掲げた目標にコミットすることです。「結果にコミットする」というフレーズをCMで聞いたことのある方もいるかもしれませんが、このフレーズには「結果を出すことを約束する」という意味合いが込められています。コミットは英語「commitment（コミットメント）」を略した言葉です。ビジネスシーンで使う場合は、責任の伴う約束や目標、目的に対して積極的に関わる、責任を持って引き受けるという意思表示を表します。

以下、「主体性」を含め、これもよく使われる「自主性」「積極性」という言葉について整理してみます。

● **主体性**

主体性とは、「自らの意志や判断に従って行動すること、もしくは行動する様（大辞林第三版）」のことを言います。さまざまな状況下において、自分の意志や判断を行動基準にするということです。つまり、何をやるか決められていない場合にも自分で考え、行動するということです。

● 自主性

　自主性とは、「自分の判断で行動する態度（大辞林第三版）」のことを言います。他人から何らかの働きかけや指示、あるいは干渉をされる前に、もしくはそうした働きかけがない状況で行動を起こすこと、もしくは行動を起こしている様（さま）のことを意味します。つまり、やるべきことは決まっていて、それを他者の指示や働きかけがなされる前に行動に移すと、「自主性（のある行動）」ということになります。

● 積極性

　積極性とは「進んでことを行う性質（大辞林第三版）」のことを言います。「物事に対して自ら進んで働きかけたり、一定以上の意欲を持った上で取り組んだりする様（さま）のこと」を表しています。

　主体性や自主性との違いとも言える点は、積極性には他者の働きかけや協同的な取り組みも含まれているということです。例えば「人から勧められたので積極的に取り組むようになった」という言い方はできますが、主体性や自主性については「人から勧められたので自主的（あるいは主体的に）取り組むようになった」とは言いません。つまり、行動のきっかけや独立性より、その行動に対して意欲的に取り組んでいるかどうかを重視して、表現するのが積極性です。

　「指示されなければ何もしない」「指示されたことだけをする」人は、「指示待ち人間」と言われます。また、マニュアルに書かれていること以外は行動に移せない人は、「マニュアル人間」と呼ばれます。就業経験のない人、少ない人には理解しにくいかもしれませんが、いつまでも受け身の姿勢で、言われた仕事をこなしているだけでは成長しないどころか、評価されないということです。担当している仕事に慣れてきたら、自ら目標を掲げ、主体的に仕事に取り組むよう心がけましょう。

第 1 章　働くために必要な基礎知識　19

誰も教えてくれないこと
―職場の常識、周囲とのコミュニケーション

1回で覚えなければいけない

　入社後、新しい職場に配属されると、OJT（On-the-Job Training、オン・ザ・ジョブ・トレーニング）といって、実際の職場で実際の業務を通して上司や先輩社員が部下の指導を行います。マニュアルが用意されているなら安心ですが、すべての職場にマニュアルがあるとは限りません。その場合、指導係の先輩が、業務について口頭で説明し、その後で実際にやって見せてくれるなどして、教えてもらうことになりますが、発達障害のある人の中でも聞き取りが弱い人にとっては辛い状況でしょう。しかも、できるだけ早く覚え、自分一人でこなせるようになることが期待されています。とは言え、誰もが一回聞いただけで覚られるわけではありませんので、それほど心配することはありません。

できるだけ早く仕事を終えること

　発達障害のある人が、マルチタスクが苦手であることについてはp.14でも紹介しました。本来の業務に加えて、次々と他の仕事を頼まれると、やるべき作業を忘れてしまったり、仕事の期限を勘違いしたりといったミスが発生し、混乱してしまいます。
　発達障害のある人は余裕のある状況で、自分のペースで仕事ができると、十分な成果を挙げることができます。マイペースであることがすべて悪い訳ではありませんが、場合によっては損をしているかもしれませ

ん。著者は日々の相談者とのやりとりの中で、締め切りに対する認識の差を感じることがあります。例えば、「〇月〇日までに」と質問への回答を求められたとき、発達障害のある人には締め切りぎりぎりに回答する人の割合が高いようです。「〇月〇日まで」に回答すればよいという認識は間違いではありませんが、他の人は締め切りよりだいぶ前に回答しています。早く返信すれば相手の印象がよいということに気づきにくいようです。仕事も同様で、「〇月〇日まで」という期限よりも早く仕事を終える方が、上司の印象がよく、評価も高いことは言うまでもありません。

仕事上のコミュニケーションについて

これまで説明してきたように、仕事は一人で完結できるものではありません。一人ひとりの作業は分担されているかもしれませんが、チーム全体で業務を行っています。職場では同じチームが仕事を進めやすいように、机を向かい合わせに連結し、一つの島を構成する形で座っています。会話がしやすい距離に座ることで、常に密なコミュニケーションが可能です。コミュニケーションをとることで、業務を円滑に進めることができます。

一方、島型オフィスでは否応なく上司や同僚の視線にさらされているため、ふと目を上げると同僚や上司の視線が気になり、考えが中断されてしまうこともあります。特に正面に座っている人と視線が合うと、自分自身が「気まずい」「気になる」という感情を持つだけではなく、相手にも「気まずい」印象を与えてしまいます。自然に視線を外すような工夫が必要です。また、自分が話をしたいとき、相手の話を聞くときには視線を合わせるのが一般的ですが、視線を合わせることが苦手な発達障害のある人にとっては難しいと感じるかもしれません。

仕事ができる人の習慣

　どんな職場でも、仕事は主体的に行うことが求められます。そのためには自分で考え抜き、自らの意志や判断で行動できるようにならなければなりません。それに加え、仕事ができる人には独自の信条やスタイルがあります。以下、仕事のできる人の習慣に注目して見ていきましょう。

　仕事ができる人は、○時から○時までは△△の仕事をするというように、時間管理を徹底しています。メールの返信も非常に早いです。返信が早いと、意思の疎通を速やかに行うことができ、商談や仕事がスムーズに進みます。仕事ができる人は、時間管理の重要さを理解しているため、時間を無駄にしないのです。

　発達障害のある人の中にも返信が早いタイプの人（恐らくADHDタイプの傾向がある人）がいますが、返信の期限が決まっている場合、それまでに返信すればよいと考える人が多いと思います。確かに期限までに返信すればよいのですが、返信を受け取った上司がどう思うかを考えてみましょう。せっかちなタイプの上司でも、せっかちなタイプでなくても、部下からのメールの返信が早い場合と遅い場合、どちらが嬉しいでしょうか？　当然、返信は早いに越したことはありません。期限が迫っているのに返信が遅いと、『まだ返信がないのはなぜだろう？』と余計な心配をさせてしまうかもしれません。

　完璧にやり終えてから報告したいと考える人がいるかもしれませんが、完了報告までに時間がかかるようであれば、中間報告を行う必要があります。いずれにしても、メールの返信は早い方がよいことを理解しておきましょう。

段取り力

　仕事を効率的に進めるうえで必要なのが段取り力です。ビジネスにおいて段取りのよい人というのは、目配り、気配り、心配りのできる人です。繰り返しになりますが、仕事は一人ではできません。相手への配慮を忘れずに行動することも、仕事を効率化するための要素の一つです。
　段取り力には先を読む力が必要です。行動の前に先回りして、どのように仕事を進めれば、速くて効率的かを考えます。
　まず、この仕事の成果は何か、という仕事の目的を明確にし、仕事における課題や取り組みの着地点をしっかりイメージすることで、そこにたどり着くまでの工程表を作成します。仕事はスムーズに進行することもありますし、突発的な事態が起こることもあります。そのため、順調に進んだ場合だけでなく、トラブルの発生も想定し、最悪の場合についてもありとあらゆるパターンを想定しておく必要があります。目標までの工程と、そこに至るまでの手順、それぞれの仕事の過程でやるべきことをリストアップします。実現に向けては事前準備がとても重要です。
　段取り上手な人は、仕事に取り掛かってから、その仕事が完了するまでの自分の動きが頭の中に完全にイメージできています。一つひとつの作業を推敲し、段取りを確認する作業は最も重要で、事前にしっかり段取りすることが良い仕事につながります。
　つまり、段取りのよさとは、逆算でモノゴトを考えられる思考と言えます。段取りとは、目標までの仕事を細分化し、それぞれ細分化された仕事に応じて、何をいつまでに着手すべきか、という期日を決めて準備することです。目標から逆算して、この時期にこのように完成させるためには、○週間前から作業を開始するというように、着地点から物事を考える逆算の思考を持つことが、段取り力を高めることになります。

仮説設定能力

　仮説設定能力とは、「結論」を先に導き出す力のことです。仮説思考とは、何かに取り組む際に、その時点で考えられる仮説（仮の結論）を置いて考える思考方法です。一つひとつの事例を網羅的に考えているといくら時間があっても足りません。仮説を元に考える方が、分析・調査の無駄が省けるため、精度のよい仮説思考を身につけることは仕事のスピードアップにつながります。

　発達障害のある人の場合は何事にも細かい部分に注意がいきがちで、すべてに対処していると膨大な時間がかかります。仮説を立てるというと、多くの情報を集め、完璧に調べてからという気持ちが先に立つかもしれませんが、十分な情報量がなければ仮説は立てられないというのでは、いつまでたっても仮説思考は身につきません。発達障害のある人の思考方法とは異なりますが、仕事を効率的にこなし、しかも成果を出していくためにはこのような方法があることを知っておくとよいでしょう。

　仕事のできる人の中にはこの思考方法を持ち、行動している人が少なくありません。仕事で短期間のうちに成果を出すためにも、仮説設定能力が必要です。これまで学校の授業では、「分析してから答えなさい」と繰り返し教えられてきたので、分析し結論を出すという思考プロセスが染みついています。ところが、仮説設定能力を身につけた人は、まず「結論」を出して、後から分析しているのです。

　もっとも大事なこと、それはできる限り早く仮説を立てることです。仮説を立てたなら、必ず検証を行います。仮説が間違いであったとしても、すぐに修正し、新しい仮説を立てればよいのです。いち早く仮説を立てると仕事のスピードは上がります。また、何度も検証を繰り返すことで、仮説の精度も高まります。仮説設定能力を身につけると、仕事を

早くこなすことができ、クオリティも高まります。仮説を早く立てようとする意思と、仮説検証を行う作業を根気よく繰り返した結果、仕事ができるようになっていきます。

仕事以外のマネジメント
―体調管理、時間の捻出、隙間時間

　仕事のできる人は自分のパフォーマンスを最大限に発揮するためにも体調管理に注意しています。仕事のできる人にはより多くの仕事が任されるので、時間を無駄には使えません。なおかつ、自分のスキルを高めるための時間を確保するとなると、朝早くから活動するのが一番効率がよいということになります。仕事ができる人には、早起きをする人が多いようです。早起きをすることで、1日の活動時間を長くしているのです。1日の活動時間が長いと、さまざまなことに挑戦できます。発達障害のある人の中には、「フルタイム勤務を行うだけで疲れ果て、週末は何もすることができず、一日中寝ている」と話す人がいます。大勢の人と一緒に働く職場で、感覚過敏やストレスの問題から疲労困憊してしまう人もいるでしょうが、このようにせっかくの週末を寝て過ごしてしまうのは残念です。仕事のできる人の中には朝から活動するハードワーカーが多いですが、仕事以外に自分の健康面もしっかり管理しています。

　体調管理もパフォーマンス維持のために必要なことの一つです。平日早起きをしている人が週末の朝は遅い時刻に起きようとするとリズムが狂ってしまいます。そのため、休日の朝も平日と同じように早い時間に起き、読書や勉強、あるいはウォーキングやランニングなど、自分のための時間を過ごすことがお勧めです。一日の時間を仕事と自分の成長のための時間にうまく配分し、有効に活用するように心がけましょう。

自己啓発

　学生の方々や就業して間もない方との面談で、この「自己啓発」という言葉を使うと、皆「？」という反応をされます。自己啓発とは、本人の意思で、自分自身の能力向上や精神的な成長を目指すこと、また、そのための訓練を意味しています（デジタル大辞泉）。社会人の方は働き始めてから、自他ともに認められるまで仕事ができるようになるには、日々の通常業務をこなすだけでは不十分で、さらに自己啓発が大事であることを知っています。手っ取り早い自己啓発の方法は、本を読むことです。とは言え、書店に並ぶ数多くの自己啓発本の一冊を手に取り、本に書かれていることを、そのまま実践してみても、誰もが仕事ができるようになるわけではありません。自分に合った努力をすることで、自分の能力を向上させることが大切です。

　仕事のできる人は日々の業務を完璧にこなしたうえで、結果を出すための努力を重ねています。仕事のできる人にはどんどん仕事が回ってきますので、一人の人に多くの仕事が集中してしまいます。しかし、多忙な毎日の中でも、さらにパフォーマンスを高める方法を考え、実践する努力を欠かしません。自己啓発のために継続して努力できる人こそが能力をさらに伸ばし、自身の目標に一歩ずつ近づいているのです。日々の努力といっても、多忙な１日の中で本当に短いごくわずかな時間を勉強にあてるしかありません。ちょっとした隙間時間を使っての勉強やトレーニングといった短い時間の積み重ねが、その後の成長のスピードを分けることになります。

　自分のスキルを高めたいという方は、日常生活や仕事のあらゆる場面でセルフマネジメントが必要であることを意識しておいた方がよいでしょう。

仕事に向かう姿勢

✓ 見えないものへの挑戦

　ここまで、働くために必要な心得をいろいろと申し上げてきました。働き始めてからの自分の成長に、大学のシラバスのような授業計画や、研修プログラムのようなものはありません。「キャリアアップ（成長）」は目に見える実体があるわけではないため、就業経験のない発達障害のある人にとって、想像しづらく、捉えにくいものであるに違いありません。しかし、入社後は自分に適した方法、自分のペースで努力を重ね、成長していくことが求められます。業務そのものは経験を積むことができますが、障害特性から苦手とされる言語化スキル、プレゼンテーションについては意識して練習を重ねたうえでの実地が必要になるでしょう。

✓ スキルを向上させるプログラム

　職場では、ほとんどの指示が口頭で行われるため、発達障害のある人には業務の進行の様子があいまいなものに感じられたり、あるいは暗黙のルールで進んでいるように感じられたりするかもしれません。業務上必要な情報、仕事の指示、先輩社員からの指導は全体への周知の一部、あるいはマンツーマンの会話の中の一瞬に含まれています。これでは口頭の聞き取りの弱い人の場合には聞き洩らしてしまいます。また、過集中傾向のある人の場合にも、作業に没頭している間に声をかけられても気づけません。発達障害のある人のスキルアップには、皆さんの特性を

よく理解した立場からの指導や指示が必要です。今は職場に慣れることで精一杯という方も、成長したいという強い意欲を持っているでしょう。そうした皆さんと一緒に、発達障害のある人のためのスキルアップ、キャリアアップの方法を考えたいと思い、それを実現するプロジェクトを開始しました。プロジェクトの概要は**第4章**で紹介しています (p.107)。

職場での心得

　就業中の発達障害のある人の中には、「求人票に書いてあった業務とは違う」と不満を訴える人がいます。雇用側は会社全体の中で適材適所の人材配置を考えますが、その時々の事情により、任せる業務を変更することはよくあります。就業スタート時は、どのような内容の仕事でも素直な気持ちで取り組みましょう。まずやってみることが大切です。できることを増やしていくことが自分の成長につながります。

　特性上苦手な作業が含まれていれば、上司に伝え調整してもらいます。配慮してもらいたいことを適切に伝えるためのスキルも必要です。また、発達障害のある人の中には、任された業務を淡々とこなす人が多いですが、いつまでも受動的な姿勢では成長することができません。慣れてきたら、自分の意見も言えるようになりましょう。その意見は建設的な意見であることが重要で、思ったことを全部言うのとは異なります。できることが増え、責任を持って担当業務に臨むことで職場での信頼を得られるようになったら、次のステップを目指しましょう。

　主体的に仕事をするには目標設定が必要です。入社1年目には1年目の目標、そして3年目、5年目と各時期に合わせた目標を持ち、目標に向けて努力し、それを達成するというサイクルを継続します。それにより皆さんは立派に成長し、職場に欠かせない存在になっていくはずです。

発達障害のある人のキャリアデザイン
－自分のロールモデルを見つけよう

就労移行支援事業所さら就労塾＠ぽれぽれ　**安尾真美**

◎ キャリアをデザインする―社会を知り、自分を知る

　キャリアをデザインするというのは、自分がこれからの人生において「どのように働くか」を考えることです。キャリアというと多くの人は職業を思い浮かべるのではないでしょうか。確かに狭義の意味では今でも使われていますが、近年ではボランティアなどの社会活動も含めてキャリアと考えるようになっています。「今の世の中どうなるかわからないし、デザインしてもその通りやれるとは限らないのだから計画するだけ無駄じゃないか」という考えもあるでしょう。では、デザインしなくても良いのでしょうか？　もし、自らがデザインしなければ、周囲の人や世の中に流されるだけの人生になってしまいます。流れ着いた先が自分にとって生きやすいところか生きづらいところかは流れ着いてみなければわからない！　その状態をも楽しめるのであればよいのですが、こんなはずじゃなかったという結果になることだってあるでしょう。自分が生きる人生です。大まかでよいので節目節目に自分の立ち位置、今後進みたい方向性を確認し、自分のこれからをデザインすることが大事だと考えます。

　さて、発達障害のある人が自分の将来を考えるときの課題の一つに情報の偏りがあります。これは例えば、先の見通しを立てるのが難しい、段取りが苦手、あるいは経験していないことをイメージするのが困難という特性に由来するものです。その場合、キャリアをデザインすることは決して簡単なことではありません。しかしながら、自分に

とって未知のことであっても具体的なお手本があればできるという事例
も少なくありません。そのため、自分のキャリアデザインのお手本にな
る人＝ロールモデルを見つけるというのは、発達障害のある人にとっ
て有効な手段だと思います。

　そして、自分にとって適切なロールモデルを見つけるためには、そ
の前段階として情報収集が欠かせません。その情報というのは「社会」
と「自分」についてです。そこでこのコラムでは、発達障害の特性上、
先のイメージを持ちづらい方であっても、キャリアデザインをするう
えで具体的に取り組むことができる方法の一部をご紹介していきま
す。

◎ 社会を知ろう！―働き方は多様化している

　「僕はアスペルガーです。僕と同じ（障害の）人でも管理職になっ
ている人はいますか？」これはある年の３月、翌月４月から技術職と
して一般就労を控えた大学院生Ａさんから受けた質問です。どうして
この質問が出たのか、その背景にあるものを考えてみたいと思います。
　Ａさんにもう少し詳しく話を聞きました。

私「管理職になりたいの？」
Ａ「いえ、なりたいんじゃないんです。でも将来自分も家庭を持つこ
　とがあるだろうし、そのときに家族が生活していくためにはそれ
　なりにお金も必要になります。そうすると管理職になっていない
　といけないんじゃないかと思ったんです」

　なるほど、Ａさんとしては家族を養うためにはお給料を増やさない
といけない、そのためには課長や部長といった管理職になる必要があ
るのではないか、アスペルガーの自分でもなれるんだろうか、今まで

そんな人はいたのだろうか、というとても真面目なＡさんらしい質問の背景でした。

では、会社の中でよりよい待遇を得るためには管理職になるしかないのでしょうか。皆さんはどう考えますか？　皆さんは会社の人事制度についてどれくらい知っているでしょうか。例えば2002年の時点で、従業員5000人以上の企業の半数以上で専門職制度が導入されています。管理職としてではなく、自らの専門的な知識・技術を高めることで社内におけるキャリアアップができる仕組みです。Ａさんにこの話をしたところ「僕、そっちが良いです！」という反応でした。

ここでのポイントは何でしょうか？　それは、働き方は多様化しているということです。専門職制度の他にも、近年では地域や職域を限定した、限定正社員という制度もあります。

発達障害のある人は、その特性が影響して、興味関心の幅が狭く、限られた情報・経験の中で物事を捉えて判断していることがあります。どんな働き方があるのか知らなければ選ぶことはできません。社会の変化、特に働き方に関わる制度については視野を広げて情報収集をしましょう。合わせて、求職中の方は会社のWebサイトを確認したり、面接のときに聞いたりするとよいでしょう。今働いている方であれば、社内の人事制度をまず確認してみてください。

◎ 自分を知る—どんなときに自分は満足度があがるのか？

いろいろな働き方があることを知っても、自分が何をしたいのかが曖昧ではその中から選ぶことはできません。そこで必要になるのが、自己分析です。自己分析のためのツールはたくさんありますし、皆さんも今までにさまざまなかたちで取り組んでこられたのではないでしょうか。ここではライフウェイクシート（モチベーショングラフ、人生満足度曲線、ライフラインチャートとも呼ばれる）の活用をご紹

介します。

【ライフウェイクシートの描き方】

①縦軸を人生の充実度・満足度、横軸を時間として、自分の人生の充実度・満足度の波を描きます。

図　ライフウェイクシートの記入例

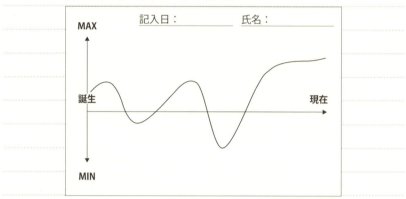

②人生の節目や印象的な出来事があったところに○印をつけ、どんなことがあったのかと、そのときの自分の感情を記入していきます。

※インターネットで「ライフウェイク」「モチベーション曲線」などで検索すると記入例が出てきますので参考にしてください。
※過去の嫌なことを思い出して辛くなるような場合は、深追いしないでください。楽しかったことに集中してください。

　さて、ここで注目するポイントは自分の満足度が上がっているのはどんなときで、下がっているのはどんなときかを知るということです。例えば満足度が上がっている、つまり曲線が上向きになっているのは、「誰かに何かを教えているとき」「周りから頼りにされていると感じられるとき」「一人でコツコツと何か（モノ・サービス・企画など）を作っているとき」といったように共通点を見つけることができるでしょう。当然このポイントは人それぞれに異なります。私の場合は、

曲線が上向きになっているのは、常に環境が「変化」しているときでした。一方で下がっているのは「安定」しているときで、どうやら落ち着いた環境だと退屈してしまうようです。

このように現在に至るまでの経験とそのときの感情を描きだして振り返ることで、自分にとって大事なことが何なのかが見えてきます。自分が大事にしていること、価値を感じていることに反する活動は満足度も低く、取り組む意欲も湧かないでしょう。皆さんがこれから先、どんな仕事をするのかについて考える指標になるはずです。

◎ ロールモデルを探そう─3年先の自分を探す

ロールモデルとは自分にとって具体的な行動や考え方の模範となる人物のことを言います。発達障害のある人には、経験していないこと・知らないことをイメージするのが難しいという特性があります。そのため、自分の将来を考えるといっても途中のステップを飛び越して、あまり現実的ではない将来像を思い描いたり、あるいは全く描けなかったりということがあります。

そこで、発達障害のある人が自分の未来を想像するときに効果的なのが、ロールモデルになる人を探す、という方法です。皆さんの3年くらい上の先輩で「この人は仕事ができるな」「素敵だな」「こんな人になりたいな」と思う人はいませんか? もし思いつかなければ、社内で仕事ができると評価されている人を探しましょう。

見つけたらその先輩が自分と同じ年次のときに、具体的にどんな仕事をし、どんな勉強をしていたのか、また仕事以外にも今までどんな経験を積んできたのかを聞きます。先輩が歩んできた道を知ることができれば、自分の進む方向の指標にすることができます。これは例えるなら、Z地点に行くためにどういう道順で行ったらよいのかを、先にたどり着いた人に聞くことと同じです。お手本にする先輩は10年

先、20年先の先輩でも良いのですが、注意点として時代背景が異なるために、具体的に今なにをすべきかが曖昧になりかねないということがあります。そういう意味からも今の自分より少し先を歩く人生の先輩を見つけて、自分のロールモデルにすることをお勧めしています。

　また、その際に先に紹介したライフウェイクの視点、つまりどんなときに満足度が上下するのか、という視点からも話を聞きます。満足度が上がる状況が自分と似ている人であれば、より参考にできる点も多いでしょう。

　以上、社会を知る、自分を知る、ロールモデルを探すという3つの取り組みを紹介しました。最後に、このコラムの執筆にあたって参考にした書籍も紹介しておきます。キャリアデザインについての書籍は多数出版されていますので、皆さんも参考にしてみてください。

【参考文献】

金井壽宏『働くひとのためのキャリア・デザイン』PHP研究所，2002.
岩上真珠・大槻奈巳編『大学生のためのキャリアデザイン入門』有斐閣，2014.
筒井美紀『殻を突き破るキャリアデザイン──就活・将来の思い込みを解いて自由に生きる』有斐閣，2016.

第 2 章

脳機能と発達障害

思考について

　思考とは、言葉を使って脳（心）の中で行う知的活動のことを言い、考える過程を指す場合、考え方を指す場合、考える内容を指す場合、そして、そのすべてを指す場合があります。

　思考には通常言葉が使われるため、思考力（思考する能力）は言葉を扱う能力と関連しています。言葉は時代と共に変化するものです。言葉を使う能力＝言語能力を検討する際には、同世代の人と比較することが大切です（古来より、年寄りに比べ、若者は乱れた言葉を使い、言葉を操る能力が低いと勘違いされてきました）。

　また、言語能力は個人差が大きく、後で述べる想像力や認知にも関与し、思考にさまざまな影響を及ぼします。日本語を母語としている私たちにとって、日本語は生まれたときから使っている言語であり、ある程度の日本語力は誰にも備わっていると思い込んでいます。しかし、育った環境、受けた教育、読んだ本、関わった人は個々人で異なるため、日本語を母語としていても、個々の日本語力には、実は大きなバラツキがあるのです。

　このため、定型発達の人同士の職場でも、日本語力の差が思考力の差となって現れ、仕事の実務遂行能力だけでなく、人間関係などにも強く影響します。多くの人が一つの職場で一緒に仕事をする、これ自体が実はとても複雑で難しく、職場ストレスを生み出す一因となっているのです。ましてや、発達障害、特に読字や書字に困難のあるディスクレシアの傾向をもつ人は、日本語が母語であっても日本語を用いる能力が高いとは言えないため、思考も相応の影響を受け、それが仕事上のコミュニ

ケーションに不具合をきたします。特に、ディスクレシア傾向であることに本人が気づいていない場合には、問題が生じやすく、かつ解決も難しいのです（それを防ぐためにも、小学生の頃に日本語の読み書きをしっかり習得することは、外国語の習得よりはるかに大切です）。また、読み書きの問題が本人の努力によりある程度緩和されたとしても、言語能力の思考への影響を成人後に変えるのは難しく、仕事のうえで担当できる業務は限られてしまうことが多いでしょう。

　したがって、発達障害のある人が職場で何らかの困難に直面したときには、本人を変えようとするよりも、困難が起きないような工夫（環境調整）をすることが大切だと考えます。

発達障害のある人の思考の過程

　さて、「思考の過程」と「思考そのもの」は本来別のものですが、普段その2つを明確に区別せずにいることが多いため、ここでは両者を一緒に考えます。定型発達の人でも、理路整然と物事を考えられる人から、支離滅裂になりがちな人まで、また豊かな考え方ができる人から、浅い考え方しかできない人まで、思考のタイプはさまざまです。そういう人たちが一つの職場に集まり、一緒に仕事をするわけですから、やはり職場におけるストレスが強いことは想像に難くないと思います。

　発達障害のある人の中でも、自閉症スペクトラム障害傾向が強い場合は、物事へのこだわり（執着）が強く、興味をひく物事（対象）に出会うとそこで思考が止まってしまうことがあります（止めないように強制するとパニックを起こしてしまいます）。その分、興味のある物事（対象）には長時間集中した思考が可能です。

　一方 ADHD 傾向が強い場合は、脳内の多動性により注意力が続かない

第2章 脳機能と発達障害　37

ため、思考も一つに集中できません。このとき、思考が次々と湧き出てしまい、一度にたくさんの物事を考えてしまう人から、集中できないために何も考えられず、ぼーっとしてしまう人まで、思考のパターンはさまざまです。前者の場合は多くのことを並行して処理できそうに思えますが、ADHDの特性として集中力が続かないことが根底にありますので、物事を効率よく処理できず、当然仕事も非効率になってしまいます。

　後述する想像力とも関連しますが、頭の中で考えていることを言葉に表したとき、通常は他の人にも理解できる内容であるはずです。発達障害の有無に関わらず、現実に起こり得ないことを考え、そのことを指摘されても頑なに訂正できない場合には妄想の可能性があります。

　発達障害のある人で、自閉症スペクトラム障害傾向の強い人は、自分の興味のあることは深く掘り下げるため、思考の内容がとても高度で難解です。しかし、興味のないことは全く意に介しませんので、思考内容も極めて浅薄になりがちです。

　ADHD傾向の強い人は、考えが次々に湧き出て溢れてしまうため、思考内容がぐちゃぐちゃになっている場合もあります。読み書きが不得意なディスクレシア傾向の人も、日本語能力が不十分なために、思考内容が本来の意味から逸れてしまい、他人には理解しづらい傾向になり得ます。

　思考が多様であるということは、発想が豊かで創造力があり、仕事に役立つ可能性が高いわけですが、それがあまりに突拍子もなく現実からかけ離れている場合には、仕事の障壁になってしまうのです。発達障害のある人は、自分にどういう特性（傾向）があるのかわかっていない場合も多く見受けられますので、周囲がそれを判断し、的確に理解、対応することも必要です。

　なお、思考の過程では、それまでに経験・学習したこととの照らし合

わせも行うため、記憶を呼び戻す（再生）必要があります。記憶の再生には、知覚したものを覚え（記銘）、それを貯えている（保持）ことが前提となります。記憶は言語だけで構成されているわけではなく、五感からの感覚・知覚、そして認知される情報により構成されますので、五感の感受性や認知の特性が大きく影響してきます。また、経験したことの量（回数）や質（内容）、つまり経験値（経験知）も思考には大きく影響しているのです。

　発達障害のある人、特に自閉症スペクトラム障害の人では、興味（関心）のある特定の対象（数字、固有名詞、場面など）に関し、定型発達の人には想像すらできない抜群の記憶力を有する場合があります。その一方で、興味（関心）のない対象を記憶しておくことが極端に苦手なため経験値（経験知）に偏りが生じてしまいます。また、興味の対象が変わった途端に、それまで熱中していた対象のことを（あたかも興味がなかったかのように）すっかり忘れてしまい周囲を驚かせます。この掌を返したような変化は、喜怒哀楽に対しても認められ、沸騰したヤカンのように怒っていた次の瞬間、にこやかな表情にパッと変わり、それまでのことを覚えておらずケロッとしているため、他人から誤解され、仕事だけでなく日常生活においても人間関係の構築・維持に大きな障壁となってしまいます。

　ADHDや学習障害の傾向をもつ人も、特性に応じ、記憶が苦手でその内容に偏りがある場合、仕事や人間関係に支障をきたしてしまいます。そのようなときは、本人に困難を克服する努力を強いるのではなく、それぞれの特性を周囲が知り、それに合わせた対応を行うことが大切だと考えます。

第2章　脳機能と発達障害　39

想像力について

　想像とは、現実に起きる可能性のあることを頭の中に思い描くことを意味します。思考と異なり、想像には必ずしも言葉が必要というわけではありません。例えば、スポーツなどで行われるイメージトレーニング、これは競技に勝つ、もしくは試合で上手くいく、という現実に起きて欲しいイメージを思い描き（想像）、行動に反映させる練習方法です。

　一方、空想は、現実に起こる可能性がないことを頭の中に思い描くことを意味します。例えば、映画やアニメの中で、機関車が空を飛んで旅をする、魔法学校に入学して勉強をする、ウルトラマンになって怪獣と戦う、など現実には起こりえないことを思い描くことです。空想が妄想と異なる点は、現実ではないということを自分自身で自覚している、もしくは他人から指摘されれば空想だと気づくことができることです（時々定型発達の人でも、空想と妄想の区別のつけ難いほど空想世界に没頭している人を見かけることもありますが……）。

発達障害のある人と想像力

　発達障害のある人の中でも、自閉症スペクトラム障害傾向の強い人は、自他の境界が薄いためか、想像力が十分に発達していない場合があります。この場合、見たまま聞いたままがすべてになり、その情報に基づいて思考してしまう傾向にあります。そのため、定型発達の人が想定しないような突拍子もない行動を起こし、双方が理解し合えず不幸な結果に終わってしまう原因になり得ます。

また、空想の世界に一旦入ってしまうと抜け出すことが困難な人もいて、仕事中にこの状態になると作業が止まってしまい、周囲が注意していないと事故やトラブルに発展することがあります。

　一方、ADHD傾向の強い人は、脳内が多動で注意力が続かず、一つのことを想像し続けることが難しいため、自分が意図せずともその内容が移り変わってしまい、混乱してしまうことがあります。例えば、設計図を見て実現した場面や建物などを想像するとき、何枚も図面を見ているうちにどの図面からどれを想像したかわからなくなり、パニックに陥ってしまうのです。

　学習障害の傾向が強い人は、言葉や数字の認識にずれがありますので、このずれの影響が想像の内容にも反映されてしまいます。例えば、文字や数字を使ったデザインを構成する際に、数字の3をアルファベットのBと、5をSと認識してしまうなど、本来の読み書きからずれた発想に基づくデザインを作成してしまいます。

　このように発達障害のある人の中には想像力に問題を抱える人が多く含まれますが、本人がそのことに気づいていない場合がほとんどです。当事者は想像力に乏しいこと、そして、想像には苦痛を伴うことを周囲が理解することが重要です。そうすることで、本人の想像力を生かせる仕事を任せられる、もしくは本人にとって無理のない人材配置が可能になると思います。なお、発達障害のある人が、その個性的な想像力を上手く使うことができる環境が整えられれば、新進気鋭の仕事ができる可能性を秘めているということも知っておいてください。

 あなたの想像力チェック

　あなたの想像力チェックに最適の題材です。是非、挑戦してみてくだ

さい。

Q：初めての場所に行くときに、その場所までの地図を渡されました。その地図をどうやって使っていますか？

●地図を記憶するタイプ

このタイプは、地図を頭の中に入れて、頭の中で想像し、地図を辿りながら目的地に到着することができます。実際に目で見た景色を頭の地図に反映させ、想像しながら歩くことができますので、地図を逐一見なくても大丈夫です。

●地図を固定して持つタイプ

このタイプは、地図を記憶することは得意ではないですが、実際に目で見た景色と地図とを想像上で比較し、地図上に反映させながら歩いていくことができます。反対に、このタイプは地図がないと正しく歩けず迷ってしまうことがあります。

●地図をくるくる回してしまうタイプ

このタイプは、実際に目で見ている景色を手に持っている地図に反映することが苦手なため、地図がほとんど役に立たず道に迷ってしまいます。もしくは、正しい地図の使い方を教えてもらっていない場合にも起こり得ます。地図は自分で使わずに、誰かに見せて道を教えてもらった方が無難でしょう。

●地図が全く役に立たないタイプ

このタイプは、地図を見てもわけがわからないという人です。地図を使わない行き方を自分で探すべきです。例えば、電話で目の前の景色を伝えながら誘導してもらう、あるいは地図ではなく、目的地までの道のりにある建物や目印になるものを写真にして指示を記載してもらう、などの方法で対応しましょう。

認知の特性について

　認知とは、自分の周囲の状況を自分がどう捉え、解釈するかということです。私たちには、周囲の状況を捉えるための方法として、感覚と知覚が備わっています。認知を考える前に、まず感覚と知覚についてみていきましょう。

感覚と知覚

　感覚と言えば五感（視覚、聴覚、嗅覚、味覚、皮膚覚［触覚・温痛覚］）を思い浮かべる人が多いと思いますが、これ以外に、関節や筋肉などの動きや位置を伝える深部感覚、自律神経を介して内臓の情報を伝える内臓知覚があります。

　そして、これらの感覚情報はすべて次の知覚過程で用いられます。知覚とは、高次の中枢神経（脳）を用い、感覚情報を統合する機能です。この知覚情報を過去の記憶・学習・経験と照らし合わせ判断・理解・解釈するのが認知となります。

表1 環境ストレッサー（多層的）

物理的ストレッサー	暑熱、寒冷、乾湿、騒音、振動、電磁波など
化学的ストレッサー	排気ガス、光化学スモッグ、タバコ、アルコール（薬物）など
生物学的ストレッサー	細菌、ウイルス、真菌（カビ）、花粉、有害動物・昆虫など

第2章　脳機能と発達障害　43

表2 社会心理的ストレッサー

- **生活の出来事（特に対人関係に起因）**
  ──心の葛藤をもたらす
  ・いじめ、対象喪失など人間関係における問題
  ・家庭／職場／学校での役割上における問題
  ・安全／健康、所有欲／支配欲など欲求の阻害
  ・公害、原発問題など生活／環境における問題

　感覚が伝え知覚が統合する情報は、環境ストレッサー（**表1**）と社会心理的ストレッサー（**表2**）の両者を含んでいます。前者は、生存と種の保存のために人間が適応すべき重要な情報であり、多くが動物と共通していますが、後者は人間関係の中で生きるために重要な人間に特有の情報であり、必要不可欠である反面、生きにくさの原因になる場合もあり、諸刃の剣と言えます。

　職場には両方のストレスが常に存在しています（**図1**）。人間にとって最も重要な感覚は視覚で、次に聴覚と言われています。しかし、感覚にも感度にも個人差があり、同じものを見ていても色の微妙な違いを区別できる人とできない人、熱いお茶を飲める人と飲めない人（いわゆる猫舌）がいます。

　深部感覚や内臓知覚も個々人で異なり、微妙な体のバランスや姿勢を感じ取れる人と取れない人、体調の変化に気づく人と気づかない人、薬が効きやすい人と効きにくい人がいます。つまり、すべての感覚において敏感な人と鈍感な人がいるわけです。

　また、体調（心身の状態）により感覚も知覚も影響を受けます。例えば、風邪をひいて具合が悪いとき、ショックを受けて意気消沈しているときには、健康で元気なときに気づく変化にも全く気づけなくなってしまいます。反対に恐怖や不安の強い状態にあるときには、ちょっとした身の回りの変化にも過敏に反応してしまいます。定型発達の人でも優先

して用いている感覚が人により異なり、気づき感じ取れる変化にも個人差があるため、それが人間関係などに役立つ場合と、問題の火種になる場合とがあり得るのです。職場ストレスはこういうところからも生じてしまいます。

図1 職場ストレスの原因

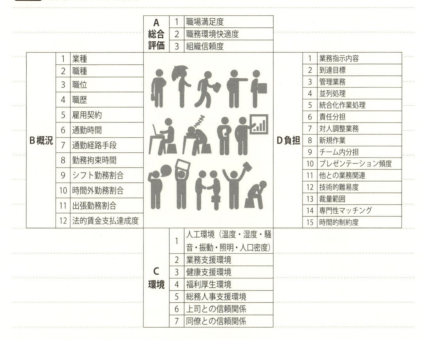

出典：神山昭男「産業メンタルヘルスの現場から」『現代のエスプリ』2011年11月号

人間である前に

　私たち人間は脳、特に大脳が発達して大きくなったために、生きるため、子孫を残すためだけなら使わなくても良い部分を使うようになりました。大脳が発達したことで他の動物に比べ非常に高度な情報処理を行

えるようになり、素晴らしい文化・文明を作ることができました。これは人間にしかない貴重な能力です。

　しかし、そのぶん他の動物が背負わなくて済んだ宿命も背負いながら生きていかなくてはならなくなったのです。これは見方を変えれば人間にしかない余分な能力とも言えます。そのため、人間は他の動物が受けないストレスをたくさん作り出し、自分たちが、そのストレスを感じながら生きなくてはならなくなりました。

　このようなストレスは社会心理的ストレッサー（表2）と呼ばれ、人間社会を非常に複雑で生きづらいものにしています。一方、人間も含めた動物など、地球上の生き物すべてが受けるストレスは環境ストレッサー（表1）と呼ばれます。つまり、私たちはこの2種類のストレスを受けながら生きています。環境ストレッサーは、人類の進化の過程でさらされ続けてきた経験から、余程強いストレスでない限り、当然のこととして受け入れ、意識しなければ感じなくなってしまっています。

　一方の社会心理的ストレッサーは、人間が作り出したものですから、生命の歴史を考えればまだ生まれたばかりのストレスです。私たち自身も慣れておらず、少しのストレスにも敏感に反応してしまうのです。

　ここで人間の脳について別の見方をしてみましょう。実は普段使っている脳のほとんどは、動物脳と呼ばれ、他の動物の脳にも共通している部分です。つまり、私たち人間は、大脳があまりに発達して賢くなりすぎたために、本来使っている動物脳がいかに大切かを忘れてしまっているのです。そのため、動物であれば異なっていて不思議ではない数々の機能や能力が、人間同士であれば共通していて当然なものという認識を知らず知らずのうちにしており、その認識に基づいて自分と自分以外の人を比べて判断、評価してしまっています。

　このような状況を固定観念という言葉で表すことができます。私たち

は無意識のうちにこの固定観念に縛られ、固定観念を通してすべてを把握し判断、評価しているのです。そして、これに当てはまらない人、固定観念の枠から外れてしまう人を、知らず知らずのうちに疎外してしまっているのです。

　これが定型発達と発達障害という言葉に表れています。本来、発達には個人差があって当たり前ですし、その個人差が多様性となり人間社会を豊かなものにしていきます。個人差の許容範囲がどの程度かは社会により異なりますが、全くない社会というのは今の地球上にはないと思われます。つまり発達障害は人類が発達してきた過程で、自らが作り出した許容範囲に収まらないバラつきを有する人々を理解するための枠組みと言えます。そうであれば、発達障害のある人の特性を考える際に、他の動物などの生き物に今も残っているバラつきを考え、しっかり認識したうえで、人間が生み出してしまった人間ならではのバラつきについて考えてみる必要があるのではないでしょうか？

発達障害のある人の認知のかたより

　発達障害のある人は、診断名とは関係なく、感覚のバランスが極端に悪いことがあり、過剰に敏感な人の場合は感覚過敏、著しく鈍感な人の場合は感覚鈍麻と呼ばれます。このときの「感覚」とは、すでに述べたすべての感覚を指しますので、知覚、認知、思考だけでなく、器用さや行動なども含めた脳の全機能に影響を与えます。この程度は人により異なりますので、まずは自分のどの感覚が過敏もしくは鈍感なのか、知っておくことが大切です。もしわからない場合は、信頼できる第三者に確認してもらいましょう。この感覚の鋭敏さ、もしくは鈍感さを自覚していれば、それを仕事に活かすことができます。例えば、極めて鋭敏な視

覚を持つ人にしか判別できない検品作業を仕事にしている人がいます。ぜひ自分の感覚に適した仕事を探してみましょう。

　感覚に個人差があるように、知覚にも個人差があると考えられており、この違いが認知、思考、行動など他の脳機能にも影響を与えているとされています。どの感覚を優先して（頼りにして）知覚して生きているか、反対に知覚できない感覚は何か、ぜひ自分で探ってみましょう。良くも悪くも、知らず知らずのうちに仕事に影響しているかもしれません。

　このように、感覚や知覚は個人差が大きく、さまざまな要因により影響を受けるため、ある人の感覚や知覚の正常範囲を決めることは非常に難しいのです。また、感覚や知覚を客観的に測定する検査方法は未だ開発されていないため、一個人の感覚や知覚を客観的に評価すること、他人と感覚や知覚を正確に比較することは、現状不可能です。

🦅 記憶との照合による影響

　知覚により統合された感覚情報が認知されるときには、記憶との照合（擦り合わせ）が行われます。ここで問題となるのは記憶が十分機能しているか、記憶されている内容に問題がないか、という点です。特に、発達障害のある人の中には、小さい頃からいじめなどに遭い心の傷（トラウマ）を記憶している人がいるため、定型発達の人に比べ、認知に偏りが生じやすい可能性があります。発達障害のある人の認知の特性には、感覚過敏や鈍麻、気分の変動などが影響する可能性がありますが、さらにトラウマ記憶の影響も無視できません。もしトラウマの影響を感じている場合には、独りで悩まず専門の医療機関（精神科）、カウンセリング機関などに相談してみましょう。

　認知の偏りという場合、表3（p.50）の項目を挙げることが多いと思

います。偏りという日本語にネガティブな響きがあるため、つい悪いことばかりを挙げてしまいます。しかし、これらも発達障害のある人の特性の一つですので、周囲からの働きかけや自分自身を見つめ直すことにより、認知を良くも悪くも変化させることは十分可能です。たとえ過去の辛い記憶があったとしても、職場などでのポジティブな働きかけが発達障害のある人を良い方向に変化させる契機になり得ますので、そのような機会作りが大切です。

　また、認知には感覚過敏や鈍麻が影響していますので、感覚過敏に対しては開きすぎている感覚を閉じて、刺激（入力）を減らすような、感覚鈍麻には閉じている感覚を開き、刺激（入力）を増やすような練習を行い、感覚入力を定型発達の人と同程度にすることで、知覚の変動を抑えることも必要になります。

　感覚を閉じるには、過敏な感覚刺激に繰り返し曝されているうちに、徐々にその刺激に馴れていく、暴露療法（または減感作療法）のような手法が有効なことがあります。ただし、感覚刺激を完全になくすことは無理ですので、視覚過敏にはサングラスを使用する、聴覚過敏には耳栓を使用する、触覚過敏には刺激の少ない服を選ぶ、などの個別対応も併せて行うようにしましょう。

　一方、閉じている感覚を開くには、対象をしっかり見る、聴くなどの練習を繰り返すことが効果的で、感覚を閉じるよりも楽だと言われています。ただし、今まで意識したことのない刺激を感じるため、良くも悪くも感情が大きく揺さぶられ、一時的に心身が不安定になり、仕事や日常生活に支障をきたす可能性があることを覚えておきましょう。

　いずれにせよ、この変化を受け入れることにより、今までとは全く違った世界を体験でき、新しい感覚を持って生きられる喜びが待っていることを知っておいてください。

第 2 章　脳機能と発達障害　49

表3 認知のかたより

1．感情的きめつけ 　証拠もないのに、自分の感情に基づいてネガティブな結論を引き出しやすいこと。	友人や取引先から、たった1日連絡がないだけで、「もう嫌われた」と思いこんでしまう。
2．選択的注目 **（こころの色眼鏡）** 　良いこともたくさん起こっているのに、些細なネガティブなことに注意が向く。	頑張って仕事に取り組み、評価は全体に上がっているのに、唯一指摘されたマイナス点だけに固執し、悔やみ続けている。
3．過度の一般化 　わずかな出来事から広範囲のことを結論づけてしまう。	一つうまくいかないことがあると、「自分は何一つ仕事ができない」と考えてしまう。
4．拡大解釈と過小評価 　自分がしてしまった失敗など、都合の悪いことは大きく、反対によくできていることは小さく考える。	仕事でミスしたときは「会社に迷惑をかけた」と嘆くのに対し、仕事でよい結果がでても「自分はたいしたことをしていない」と妙に謙遜する。
5．自己非難（個人化） 　本来自分に関係のない出来事まで自分のせいだと考えたり、原因を必要以上に自分に関連づけて、自分を責めたりする。	経営者の不祥事で業績不振になったのに、自分が頑張らなかったから経営者に悪いことをしてしまった、と自分を責める。
6．"0か100"思考 **（白黒［悉無］思考・完璧主義）** 　白黒つけないと気がすまない、非効率なまでに完璧を求める。	難しい取引が成立したと同僚たちは喜んでいるのに、期待した内容からほど遠いからダメだ、と独り自分を責めている。
7．自分で実現してしまう予言 　否定的な予測をして行動を制限し、その結果失敗する。そして否定的な予測をますます信じ込むという悪循環。	「だれも声をかけてくれないだろう」と引っ込み思案になりモジモジしてしまい、ますます声をかけてもらえなくなる。

行動について

　普段、私たちは自分の行動について深く考えずに行動しています。しかし、行動は、意識的に起こした行動か、無意識のうちに起きた行動か、に分けることができます。

　意識的に起こした行動は、脳が指令を出す前に、その行動を起こすか否かを自分で「判断」し決めることができます（例、本を読みたいので本を開く）。一方、無意識のうちに起きた行動は、反射的かつ無意識に生じる行動で、自分で「判断」し決めることはできません（例、熱いカップを触ると反射的に手を放す）。

　両者ともに感覚刺激の影響を受けますが、前者は「判断」を行うため、定型発達の人でも行動パターンが個々で異なります。一方、後者は反射的で「判断」しないため、どの人もほぼ同じ行動パターンを呈します。

発達障害のある人の行動特性

　発達障害のある人の場合には、感覚や認知が特性の影響を受けるため、定型発達の人の目には、いずれの行動も独特な行動パターンとして映ってしまうことがあります。また、行動を起こすまでの判断速度にも個人差があり、判断が遅い人と早い人との間には、かなりの開きが生じ得ます。定型発達の人に比べて、行動に移るスピードがあまりにも遅い場合は〝のろま〟と言われてしまいますし、逆に早すぎて正確さを欠いてしまうと〝あわてんぼう〟と言われてしまいます。

　さらに、発達障害のある人の中でも感覚過敏がある場合は、定型発達

第２章　脳機能と発達障害

の人が反応しない感覚刺激に対し異常な反応をしてしまい、時にパニックに陥ることもあります。逆に、感覚鈍麻のある人の場合は、定型発達の人であれば当然反応する程度の刺激に対しても全く反応せず、もしくは反応が鈍く、自らを危険に曝してしまう場合があり得ます。このような行動特性は、誰かと一緒に仕事をする際の障壁になる可能性がありますので、自分も相手も職場全体も、その特性を十分に知っておくことが肝要です。

遊牧民族タイプと農耕民族タイプ

さらに別の観点から人間の行動を眺めると、いつもソワソワと動き回って落ち着きのない多動傾向の人（遊牧民族タイプ・サメタイプ・マグロタイプ）と、常にゆっくりと慎重に行動する緩慢傾向の人（農耕民族タイプ・深海魚タイプ・マンボウタイプ）の2つに大別できます。ご自身はどちらのタイプに近いでしょうか？　この違いは生まれながら（生得的）に決まっており、変えるのは難しいと思われるため、自分のタイプを知ることが大切です。自分の行動特性を把握していれば、その特性に合わせた行動パターンを意識することができます。たとえば、多動傾向の人は常に動いているとストレスが溜まりませんので、ゆっくりのんびり休むよりも、動きながら休む動的休息をとる方が合っています。緩慢傾向の人の場合は、急かされれば急かされる程動けなくなるので、マイペースに行動し、疲れたら十分に休めるような静的休息をとる方が合っています。この傾向は、定型発達の人にも発達障害の人にも認められますが、発達障害のある人にはより明確に現れることが多いでしょう。自分の特性を知り、特性を生かしながら仕事や生活を行うことが大切です。周囲には、特性を十分踏まえたうえで支援していくことが求められます。

器用さについて

　器用という言葉は、手先を上手く使って物をきれいに正確に作ること、人関係を上手く保つこと、物事を滞りなく順調に進めること、を意味します。「器用さ」とは、これらを卒なくこなす人を指します。１つ目の器用さは巧緻運動（巧緻性とは動作を目的に合わせて巧みに行う能力のことで、すべての動作に存在します）、２つ目は世渡りの機微、３つ目は要領の良し悪しを表しています。定型発達の人であっても、これらの習得には「慣れ」が必要ですが、すぐにできるようになる人から、何度やっても上手くできない人までさまざまです。この器用さがなかなか身につかないことを不器用といいますが、巧緻運動はある程度練習すれば身についても、世渡りの機微や要領の良さを身につけるのは難しいように思います。なぜならば、不器用には前述の思考／想像力／認知／行動の特性が関連し、それらを修正することは非常に難しいからです。

　発達障害のある人も定型発達の人と同様に、不器用な方から器用な方まで、さまざまだと思います。手先の器用さは練習である程度まで上達します。アイデアグッズを利用し、自分なりの工夫をして対処しようと努力する方も見かけます。しかし、人間関係は相手が同じ人間なだけに器用さの上達は難しく、本人はごく普通に行動していても、定型発達の人には奇異に映ってしまい、それが双方にとってストレスとなり、先入観も相まって関係性に影響してしまうことがあり得ます。こうなると仕事だけでなく日常生活自体が生きづらくなってしまいます。もちろん、いろいろな人間関係を体験し失敗する中で、自分なりの処世術を身につけていく人もいますので、諦めないことも大切に思います。

第２章　脳機能と発達障害

社会性について

　社会性という言葉をよく耳にします。そもそも社会性の「社会」とは、各人が所属する共同体（コミュニティ）のことを指し、普遍的に地球上のどこに行っても（通用する）という意味ではないはずです。国や時代により社会は変化しますので、社会性という言葉が意味する内容も変化しているはずです。

　例えば今の日本社会は、数十年前に比べ物質的に豊かで便利になりましたが、精神的な未熟さが増し、自己中心的かつ他責的な雰囲気が蔓延しています。また、氾濫した情報の中に真実が埋もれ、一般常識という名を借りた異様に狭い正常範囲の中に、個人を無理矢理フィットさせることを強いられているように感じます。このような社会で「社会性」を身につけることは、自分を窮屈にする（枠にはめる）行為以外の何物でもないと思います。

大人になることの難しさ

　社会性を身につけることは、定型発達の人にとっても、発達障害のある人にとっても、大人になり社会へ出るためには避けて通れない階段です。しかし、上述のように今やとても難しい課題になってしまいました。実際、この過程で躓き、大人になりきれずに非常に苦労している人や引きこもっている人をたくさん見かけます。こういう人々が許容され受け入れられる社会に戻って欲しいと願って止みません。

発達障害のある人にとっての「社会性」

　発達障害のある人にとって、今日の日本社会で通用する社会性を身につけることは、その特性故に大変難しい課題です。特に、自閉症スペクトラム障害の傾向をもつ人は、自他の境界が曖昧なため、自分と相手が異なる存在であり、自分と相手以外にもさらに他の第三者がいて、それぞれに複雑な関係を有することがスムーズに理解できません。そのため、自分と相手との二者関係を超えた第三者が複数いる人間関係で構成される職場のような場の仕組みを理解し、その関係性に内在している微妙なニュアンスを読み取るという社会性を身につけることは、至難の業です。

　ADHD傾向の強い人や、学習障害の傾向をもつ人も、それぞれに変えられない特性を持っていますので、社会性という名の枠にはめ込むのは非常に困難だと思います。なぜならば、社会性にこそ、この章で述べてきた思考、想像力、認知、行動、器用さのすべてが必要になるからです。繰り返しになりますが、発達障害のある人の多くは、これらの機能にその特性が影響し、定型発達の人と同じように物を見たり、考えたり、行動したりすることができません。この「ズレ」が、発達障害のある人たちが社会性を獲得することのハードルを上げているのです。

　そして、定型発達の人でも、小さい頃からいろいろな人間関係の中で揉まれながら、段階を経て社会性を身につけていくものです。テスト前の勉強のように一夜漬けで身につくものではありません。したがって、発達障害のある人が社会性を育むことに期待するのではなく、周囲の人が自身の許容範囲を広げ、多様な特性を柔軟に受容できるよう発達し、変化することが、一緒に仕事をするうえで大切だと考えます。

発達障害のある人がいきいきと働くには

　誰にも、良いところと悪いところ、得意なことと不得意なことがあります。例えば、走るのが速い人、中間の人、そして遅い人。この違いがあることは良いことでしょうか？　それとも悪いことでしょうか？　もしスポーツをするのなら、足が速いことは他の人よりも有利になるので良いことです。しかし、机に座って勉強するのだとしたら、足が速いかどうかは全く関係ありませんので良し悪しはつきません。また、同じスポーツでも、速く走ることを競う徒競走のようなスポーツでは有利になりますが、なるべくゆっくり走ることを競うゆっくり走のようなスポーツでは関係がなくなるか、足が速い人はいじいじしてしまい、かえって不利になります。

　このように、何かが「得意／不得意」ということが、そのまま「良い／悪い」「有利／不利」に直結するとは限りません。その時々の条件により左右されるものなのです。しかし、子どもの頃から走るならなるべく速く走れる方がいいという固定観念をもっているため、足が速いことは良いこと（有利なこと）、足が遅いことは悪いこと（不利なこと）と考えてしまうのです。この固定観念は仕事を行ううえでもちょくちょく顔を出し、早く正しく見た目よくの3条件が揃う仕事ができることが良いことだと信じさせられています。そのため、仕事が遅い、間違える、雑だという要素のうちの一つでもあると、やり直しをさせられたり、別の仕事に回されてしまったり、その職場に居づらくなったりするのです。

　しかし、これは早く正しく見た目よくの3条件が揃っている方が、お客様に喜んでもらえる、お金を儲けることができる、より多くの仕事が

できる、など現代社会で働くうえで「良いこと」とされている固定観念に支配された考え方だということに気づくべきなのです。例えば農業の場合、いくら人間が早く正確に美しく農作業を行ったとしても、そのぶん作物が早く育つことはなく、地震や台風など自然の猛威にも勝つことはできません。つまり、どんな仕事をどういう条件で行うか、という仕事の内容や環境により、その人の得手不得手が有利になるかどうかが変わってくるのです。

　発達障害のある人が働くためには、一緒に働く周囲の人々が自分の固定観念に気づき、一度その枠を外してみることが必要だと思います。そうすれば発達障害のある人が働く場所や機会も増えるでしょうし、なによりも自分がいままで当然だと思っていたやり方が、実はとてもストレスのかかるやり方で、よりストレスの少ない方法があることに気づくと思います。この気づきを経験したら、よりストレスのかからないやり方を取り入れる勇気（エネルギー）が必要です。なぜなら、今までのやり方に慣れているため、変えるということ自体がストレスになるからです。しかし、発達障害のある人も含め、すべての人がストレスから開放された環境で仕事ができれば、パフォーマンスがさらに向上し、最終的には会社の利益につながるはずです。この視点と勇気があれば仕事の環境を変えることは十分可能です。企業の経営者や管理職をはじめ、発達障害のある人と一緒に働くみなさんには、是非このことをご理解いただき、すべての人が働きやすい職場がどの会社にも整えられることを願っています。

　発達障害のある人がもつ特性を、どう捉えどう生かしたらすべての人が働きやすい職場になるのか、本書が固定観念を脱却し職場が変わるきっかけになれば幸いです。

第 2 章　脳機能と発達障害　57

発達障害のある人が働くうえでの工夫

就労移行支援事業所さら就労塾＠ぽれぽれ／横浜　**對馬陽一郎**

◎ はじめに

　発達障害に限らず「障害」とは、自分と自分が今生きている環境の
ズレ、と考えることができます。例えば、どんなに練習しても泳げな
い人がいるとします。その人が今の社会で、それだけで「障害者」と
呼ばれることはありません。それは、泳げないことが現代社会でさほ
ど大きな障害とはならないからです。本人も、よほど熱心に水泳選手
を目指しているのでもない限り、泳げないからといって生きていくう
えで深刻に困ることはないでしょう。

　同じように、発達障害的な傾向があっても、その人の生活している
環境によっては何の困りごともなく、発達障害を意識することもない
まま人生を送っている場合もあります。人の生きやすさは、それだけ
環境要因に左右されると言えるのです。

　とは言えすでに仕事で困り感のある人が、これから運良く自分に
ぴったりの職場（＝環境）を探しあてるというのも難しい。かといって、
周りの人に無理に自分に合わせてもらうというわけにもいきません。

　そこでまず必要になるのが、自分が一体何に困っているのかを整理
することです。それは自分と、自分の属する社会とで何がズレている
のかを発見することにつながります。そのうえで、周囲に受け入れら
れる範囲で対策を考えるのが、自分と環境のズレを解消するための工
夫です。仮に特性が強く出ていたとしても、困っていないのであれば
対策も必要ありません。

ここでは、自分と環境との間にズレを見つけたあと、そのズレを解消するための工夫を考えるヒントとなることを期待して、ADHD、ASDの方を対象に、比較的共通して有効と思われる対策をご紹介したいと思います。ADHD、ASD は別の障害ですが、ズレ解消のための対応策には不思議と共通項があります。もちろん、特性の出方にもよりますが、ADHD と ASD を併発している方にも有効なものと考えています。

◎ 可視化、一元化

　マニュアルにしろ、資料にしろ、「これを読めば全部わかる」というものを用意し、それがすぐ手の届くところにあることが重要です。

　工場など体を動かす作業の場合には、マニュアルをめくる手間も惜しいところでしょうから、作業場の視界に入る場所に必要な情報を貼り付けておくのが基本となります。分量やものの見分け方など、自分が忘れがちだったり、とっさに判断のつきにくい部分を、大きな字や図でなるべく見やすく簡潔に掲示することをお勧めします。

　また、スケジュール帳は、仕事とプライベートの予定を一冊にまとめるようにしましょう。あなたの仕事が 1 日単位で時間に縛られることが多いのであれば、1 日のスケジュールが一目でわかるタイプの手帳が便利です。何日も長期的にとりかかるようなプロジェクト型の仕事であれば、1 月分のスケジュールが見渡せる手帳が良いでしょう。

　さらに、仕事に必要なマニュアルや資料は、業務内容ごとに一つのファイルにまとめるようにしましょう。「このファイルを開けば、この仕事は事足りる」という状態がベストです。資料によっては、他の仕事にも使うという場合もあるかもしれません。その場合はコピーして、仕事のファイルの数だけ用意しておきましょう。同時に複数の仕事を抱えているときは、To Do リストにまとめます。仕事を俯瞰して見えるようにすることで、「とにかく忙しい、何から始めたらいいか

わからない」という混乱からも抜け出すことができます。できれば一目で、必要な情報だけを確認できる状態を作るのがベストです。

◎ なるべく脳に空きエリアをもつ

当たり前ではありますが、やり慣れたこと、ごくごく簡単にできることであっても、それを実行するには脳を使います。仕事中に酷使されている脳は、ただでさえ相当な運動量。些細なことでも先にできることはやってしまい、なるべく脳の中で並行作業が発生しないようにします。そして、メインの仕事に集中しやすい状況を作るようにしましょう。

例えば、外出時には、あらかじめ路線や地図などを調べ、印刷しておく。現地に着いてからスマホで調べればいいやと思っていたら、電車に乗り過ごし遅刻しかけて、焦って検索も上手くいかないということになるかもしれません。事前に路線や地図の情報が準備できていれば、時間がなくても急いで現地に向かえばいいだけです。

また、書類を書く際には、必要とわかっている資料はあらかじめ揃えておくと書くことに集中できます。資料が書籍の場合には、そのまま持ってくるよりも必要な部分だけコピーしておけば、「ページをめくって該当箇所を探す」という余分な作業からも解放されます。

だいたい人は重要度が高く、重い仕事から手をつけがちです。そこであえて、あとでやればいいような細かい仕事を先に済ませてしまうのも効果的です。重要度の低い仕事であっても、それがタスクとして残っていることで、並行して無意識に脳を使ってしまいます。細かい作業を先に済ませることで、「今後の予定」のために使っていた脳の一部分を解放できる効果は意外と大きいものです。

さらに、作業中は机の上の余計なものをしまう、パーティションなどで視界を制限する、耳栓を使って雑音を遮るなど不要な情報を

シャットアウトするだけでも、脳はだいぶ楽になります。

◎ ショートステップ

　苦手な仕事や長い期間を要する仕事は、やる気が起きなかったり具体的な進め方がわからなかったりで、先延ばししがちです。そのような場合には、まずその仕事の一部を切り出し、目先に「見えるゴール」を作ります。

　具体的な進め方がわからないといっても、一つか二つくらいはやることも思いつくのではないでしょうか。ソフトウェアの開発なら、まず仕様を確認してまとめることはできそうです。大きなプロジェクトを任されたなら、とりあえずクライアントや協力会社への挨拶回りが必要かもしれません。仕事の主軸になるような作業でなくても良いので、まずは一つだけ作業を切り取り、締切を決めて実行してみましょう。部分的に得意なこと、好きな仕事があるのなら、そこから始めてみるのも良いでしょう。一部でも仕事が進むと、その先の進め方も見えやすくなります。

　大事なことは、ショートステップ内でも先延ばしが起きないよう、締切を明確に決めておくことです。締切を決めるのが苦手な場合は、「今週中」と決めて1週間程度でできる仕事から取り掛かると良いでしょう。

　また、片付けや整理が苦手で、自室や机の上がどうしようもない状態になっている人もいるかもしれません。片付けの場合も、ショートステップの作業が効果的です。「今日は散らばった服を片付ける」「今日はデスクの書類と本を空き箱に入れる」と、自分でも楽に終わらせられそうなゴールを立てて、その日はそれだけを実行します。これを数日おきに繰り返していけば、少しずつ部屋や机も片付いていくはずです。

コラム　発達障害のある人が働くうえでの工夫　**61**

◎ 書いて、見る

　発達障害のある人の多くはコミュニケーションに困難を感じていますが、困り事の内容は本当に人それぞれです。話す内容が思い浮かばず、黙りがちになってしまう人。逆に喋りすぎてしまう人。何もしていないのに周りから敬遠される人もいれば、同じく何もしていないのになぜだか周りから愛されるタイプの人もいます。このため、コミュニケーションについて有効なアドバイスを記すには、どうしても個々の状況に合わせる必要があります。

　ですが、仕事上のやり取りであれば、ある程度状況も絞り込めます。これは雑談などでは使いにくい方法ですが、仕事でのコミュニケーションで誤解をしたり、されたりすることの多いタイプの人でしたら、まず「書いて、見る」ことが解決につながる糸口になるかもしれません。聞くときは相手の言葉を書いてみて、それを読むことで2段階での吸収を意識する。他人に見せるものではないので、単語だけを並べた乱雑なメモ書きでかまいません。国語的な正しさも、ここでは必要ありません。

　自分が発言しようとするときもまず書いてみて、確認してから話してみる。これもすべて書くのは難しいでしょう。会議や打ち合わせに入る前に、伝えたいことを書き出し用意しておくのがベストです。

　以上でご紹介したのは基本的な考え方で、もちろん個々の特性によっては合わないタイプの方もいます。合わない方針は無理に用いず、今の環境での困り感に合わせて対策を考えていくようにしてください。

　また、もしご自身でなく周囲におられる当事者の方への対応に困って拙文を目にして頂いたのだとしたら、当人にこれを読ませるよりも、その方への接し方を考えるきっかけとしてご使用頂ければ幸いです。

第3章

働き始めてからの課題

雇用促進から職場定着へ

　法改正等などの雇用促進施策が進んだ結果、年を追うごとに障害者の雇用に注目が集まり、その採用数は増加しています。発達障害についても、その特性がもたらす仕事の成果が事例として紹介されるなど、期待をもって多くの当事者が採用されるようになりました。合わせて発達障害のある人の就労準備においても、就労訓練や職場実習の場が多く提供されるようになり、以前に比べて就労への道筋が整ってきました。

　次に注目すべきステージは職場定着です。多くの当事者が入社後はじめて、仕事や就業現場の現実を知ることになります。中には、驚きに困惑、そして不安を感じる人もいるでしょう。同様に、雇用側も想像していた当事者像と違うと動揺することもあるでしょう。それらが起因となって、新たな課題やトラブルが発生したりします。これまで当事者も雇用側も就職・採用には強い関心を持っていましたが、その先にある職場定着についてはまだ十分に考えが及んでいない部分もあり、せっかく就職・採用しても離転職を繰り返すことがありました。

　この章では、働き出した当事者が初めて気づいたこと、そしてよく発生するトラブル事例、それに対して雇用側が気をつけるべき雇用管理上の注意点について触れています。発達障害のある人、受け入れる雇用側の双方に関わることなので、どちらもが意識しておいてほしいと願います。

想像と違った実際の仕事

 リアリティーショックと障害特性

　初めて企業に採用されたり、これまでと違う業種・職種に転職した人たちの中には、現実とは少し異なる仕事像・職業像を持っている人がいます。一般的に、新卒学生に起こる早期離職の要因の一つとして、仕事や職業におけるリアリティーショックが考えられています。リアリティーショックとは、入社前に描いている職場や仕事の理想と現実のギャップを指す言葉です。

　発達障害のある人の場合においても、障害特性も影響し、同様の状況が発生することがあります。実際に働き出してから、「自分が思っていた仕事と違う」と嘆いたり、仕事そのものの内容や指示命令の意味がわからないとか、求められている仕事のゴールがイメージできないと不安を漏らしたりする人がいます。反対にスキルをもち能力がある人は、仕事が単調すぎるとか物足りないと不満を口にします。もっと自分は活躍できるのに仕事をさせてもらえないと感じている人もいます。

　どちらの場合にも、「これは自分の仕事ではない」「こんな仕事のためにここにいるわけではない」と考えて、最後には離転職へと向かいます。ここに至る当事者の心理は、限られた情報を都合のよい形に解釈し、強く信じてしまうというものです。働き出してから現実を知ることになり、イメージとのギャップに動揺してしまうのです。また、それが初めての就職というときには、イマジネーションの弱さという特性から仕事や職場の様子が思い描けず、現実が受け入れ難くなっている場合もあります。

第3章 働き始めてからの課題　65

現実の仕事を受容

　入社後のショックを軽減するためには、やはり早い段階で現実を知る必要があります。可能ならば事前に体験実習やインターンシップに参加し、体感して覚えていくことが望ましいと思います。

　また、会社説明会や、OB・OGをはじめとした業界職種経験者との対話の機会があるのならば、積極的に参加して自分が考える仕事と実際との差を埋めたり、修正したりする機会を持つのもよいでしょう。

　同じ業種・職種であっても、仕事の考え方や進め方は職場によって異なります。それまでに見聞きしてきた情報はごく一部のものであり、あくまでも一つの事例に過ぎないと承知しておかなければなりません。自分が思い描いていることがすべてではなく、予想外なこともあると心構えしておくことも大事です。

　実際に、インターンシップに何度も参加しているうちに、志望していた職種が、障害特性から見ても自分が一番苦手とすることを必要とする職種だと気づき、進路変更された人もいます。自分が思い描いている仕事は実際の仕事と一致するものなのか、ずれているものなのか、改めて比較して現実の姿をきちんと受け止めるようにしましょう。他にも、英語に関する資格や検定を持っているから、外資系企業に即採用されるとか、希望ポストに就けるなど、現実味が少なく難易度が非常に高い理想を持つ人も見かけます。

　夢や理想を思い描くことはよいことですが、あまりにも現実とかけ離れていると、それを追いかけるだけでも大変です。現実をよく知り、少しずつスモールステップを刻みながら、その先を目指すことが賢明かと考えます。

　そして、試行錯誤しながらも自分にできることを少しずつ広げてい

く、自分の可能性を増やしていくことが、自身のためになるのは言うまでもありません。

✔ 未熟な社会性（p.54）

　発達障害のある人は、仕事や職場のイメージだけではなく、組織の諸々の制度や取決めに対しても、間違った思い込みを持っていることがあります。例えば、当事者の中には採用当時に明示された待遇はその後も一切変化はないものだと信じて疑わない人もいらっしゃいます。

　人事評価や査定はもちろんのこと、組織の制度変更や会社の売上、利益の実績変動などが待遇に直結している、ということに思い至りません。そのため、経営状態の悪化や人事査定によって、給与額に変化があったとしても、その理由に行きつくことなく不平不満を吐いたりします。

　他にも、こだわりの強さや自分流を押し通そうとするばかりに、職務遂行の手順や運用ルールが自分の意に反すると、誰彼関係なく自身の正当性を訴え、聞き入れてもらおうとします。そのため、直属の上司を越えて、遥か上位職（稀に経営層）に物申そうとすることがあります。これは組織の基本である命令系統「縦のライン」を越える行為と捉えられます。そのため、組織の不文律を逸脱した行為として本人の立場が危ぶまれることもあります。また、残業指示などの通常の業務命令ですら、自分の意にそぐわなかったり、納得いかないときにはハラスメントと勝手に受け取ったり、命令に反するような態度を取る人もいます。組織の意志より自分の意志に重きを置いているので、それが悪いことであるとも感じていないようです。これらも「社会性・社交性の未熟さ」や「こだわりの強さ」などが及ぼす結果と言えるでしょう。

第3章 働き始めてからの課題　67

待つことも仕事

自分の仕事がない？

　職場に行けば適度な量の仕事が用意されていて、次から次へとこなしていく。発達障害のある人の中には、毎日をそのように過ごすことが当たり前だと考えている人も多いことでしょう。

　しかし、実際にはそう思うようにはいきません。会社の事情で思っていたよりも暇だったり、ある日突然予定していた仕事が途絶えたり、反対に急に増えたりと、想像していない状況に見舞われることがあります。

　ある相談事例では、受付窓口業務に就いた女性が「一日中暇で、やることがない」「受付といえば、来客や問合せの電話が頻繁にあり忙しい仕事のはずなのに、この会社は違う」「この職場には仕事がない」「このままこの職場に居続けていいのだろうか？」と真剣に悩んでいました。

仕事にも波がある

　基本的には、業務進捗は職場全体で管理されているものですが、どんな仕事でも繁忙期・閑散期の波があり、仕事量に差が出ます。その期間は時間帯や、日／週または月単位で巡ってきます。今は暇でも、そのうち慌ただしく急いた日々を送らなければならないかもしれないのです。

　また、仕事の多くは一人で完結できるものではありません。外部や他部門との連携があります。他部署で仕事が滞り、自分の所に巡ってこないだけなのかもしれません。仕事には周期性があり、周辺事情にも大き

く左右されることを認識しましょう。また、仕事がないと感じるとき、必ずしもあなたがすべき仕事が社内中どこを探しても全くないというわけではありません。障害特性や適性から現在の業務に不向きと見なされ、新たな適職を模索されている最中かもしれません。

目先が見えない不安

「自分の仕事がない」「自分の居場所ではない」と行きついてしまうのは、障害特性として、常に仕事はあるものという強い思い込みと、急に仕事が途絶えて先が見えなくなることへの不安から引き起こされるものと考えられます。さらに、周囲への不信から「仕事をさせてくれない」とか「疎外されている」とネガティブな思考へと走ることもあります。

待つ時間があるなら有効活用しよう

もし、空いている時間があるのならば、仕事や職場に役立つ業務に費やしましょう。例えば、後回しにしていた作業をしたり、周囲の人の手伝いを申し出たり、上司に現在の状況を説明して別の業務に就かせてもらったりするのです。また、早めに完了した仕事があるのなら、その完成度が要望に適しているかどうか再度確認しましょう。

なかには自分で良かれと思って行動したことも、実は職場や業務に沿わない場合もあるので、必ず上司に確認してから動くようにしましょう。業務に関係のないネットサーフィンや、就業時間中のゲームなどは服務規律違反なのでしてはいけません。もし、当面の仕事がなく空いている時間があったとしても、次の仕事のために有効活用できる時間として考えるべきです。つまり、待つことも仕事の一つなのです。

第 3 章 働き始めてからの課題

できる仕事・できない仕事

✔ できる仕事がない？

　発達障害のある人の適職に関する難しさを表す事例をご紹介します。就労経験もあり経理系資格を有する発達障害のある人が、経理事務職で雇用されることになりました。同時進行が苦手なため、順序立てて業務を進行できるように職場内を整備しました。しかし、実際に働き出してみると、どの仕事もうまくこなせません。本人も「この職場には自分に合う仕事がない」とこぼし、雇用側も「もう少しできると思ったのに…」と吐露します。仕事内容を絞ったり、新たな仕事を切り出したりと対処したものの改善は見られず、その結果、職場定着に至りませんでした。

　このように雇用側が障害を受容し、配慮も講じ適職と思われる仕事も用意したのに、定着できなかった事例は珍しいことではありません。上記の場合は視覚認知や多動性の特性もあったようで、全般的に「整えることができない」ということが後でわかりました。そのために、書類の整理やデータ入力ができずミスを連発していました。職種というよりも、仕事全般に通じる事務処理ができず定着にいたらなかったようです。

✔ 重なり合う障害特性と職業適性

　発達障害の特徴は、さまざまな障害特性が複雑に重なり合うことと言われています。仕事の遂行には、さまざまな処理能力が求められますが、発達障害のある人の場合、それぞれの障害特性に呼応して、得意な処理、

何度もミスしてしまう処理があります。そのため、できるであろうと想定し仕事を割り当てても、作業上、あちらを立てればこちらが立たずというように、「できる／できない」の凸凹が生じてしまうのです。

適職探しの障壁

他にも適職を見つけにくくなる要件として、本人自身も気付いていない障害特性があること、それを受容できないことが挙げられます。そして、これも障害特性によるものですが、前項（p.65）でも取り上げたように「こだわりと思い込みの仕事像」や学歴や資格等への強い執着心、「自分はできる」という根拠のない過剰な自意識などから、現実をうまく受け入れることができません。さらに、思い通りにならない理由は周囲の人の至らなさにあるとするなど、他責思考になることもあります。

自分に合う仕事を見つけるためには

あこがれの職業や仕事への想いは、働く意欲につながります。とは言え、実際の仕事との適性を真摯に見つめることも必要です。周囲からの評価にも耳を傾けて軌道修正できることが望ましいです。

適性職業検査や就労訓練などでわかることもありますが、実際に就労を経験してはじめて見えてくるものもありますから、最初からあれもこれもと欲張らずに、求められる業務をこなし、得意なこと苦手なことを探り出すことが必要です。そこから、新たな障害特性に気づくこともあります。素直に現実を見つめることこそ、早期に適職にたどり着く要件です。そのうえで、当事者だけでなく周囲の支援者らと一緒になって根気よく仕事のマッチングに取り組むことが必要です。

第 3 章 働き始めてからの課題

本音と建前に悩む

✓ 話の意味が掴めない

　職場にいると、上司からの指示命令や、先輩からのアドバイスや注意、同僚らの他愛のない話などが耳に入ってきます。それらの中には、字義通りの意味ではなかったり、自分に関係あるのかどうか迷う話もあったりするでしょう。発達障害のある人の中には、その話の意味や意図が理解できずに、後々になってトラブルに見舞われる人も多くいます。

✓ 言っていることが違う

　接客サービス業に関わる発達障害のある人の相談事例を紹介します。
　現場管理者から、顧客には「じっくりと懇切丁寧な対応を」とか「手早く簡潔に数多く対応するように」と指示を受けたそうです。「丁寧なのに手早い？」と矛盾を感じつつ、ゆっくり丁寧に対応していると、管理者から「時間をかけ過ぎだ」と言われ、早くしようとすると「雑な対応だ」と注意されました。どうすればいいのかわからず、2つの指示の板挟みでストレス過多となり、とうとうメンタル疾患を発症してしまいました。その後も、自分はどうすればよかったのか？　と悩み続けています。

✓ 本音と建前と障害特性

　その言葉に込められた意味や隠された意図を読み解くこと、場の雰囲

気や話全体のニュアンスから状況を察することを苦手とするのは、発達障害の特性の一つとして知られています。

　上記の事例では、時間をかけた懇切丁寧な対応も、手早い対応もどちらも正しいのですが、必要以上の丁寧さは余計な時間を費やし、お客様に嫌がられ、周囲にも迷惑をかけることになるという意味が含まれています。言葉の意図を正しく解釈し、バランスよく行動することは、発達障害のある人にとっては至難の業です。

　他にも、企業理念や社是社訓などはシンプルな表現のものが多いですが、それ故に抽象的で、発達障害のある人にとっては現場に下される指示命令との紐づけが難しく、「言っていることとやっていることが違う！」と違和感を持つ場合があります。就業規則や服務規程など働く人が守るべき約束事についても、然るべき理由で許容できる範疇でも、ルールから少しでもはみ出すことがあれば、許されないことだと声高に訴え出るケースもあります。杓子定規に捉え融通が利かないという発達障害の特性から、状況を理解できずトラブルになる場合も考えられます。

✔ 解説者の必要性

　このように、本音と建前が異なるということは一般的にはよくあることで、定型発達の人は言葉の意味と現実とを見比べ、バランスよく捉えています。しかし、発達障害のある人が一人で「本音と建前」の意味を理解し納得することは難しいかもしれません。もし違和感を持っているなら、身近な人に（職場内で聞きづらいときは外部の支援者に）、苦しい胸の内を素直に相談してみましょう。わからないままだと、自分の間違った解釈で話をこじらせてしまいます。相談を受けた周囲の人には、意味を噛み砕き、丁寧に解説する配慮が望まれます。

第3章 働き始めてからの課題　73

障害情報の引き継ぎ

✓ 組織に依存する障害情報の扱い

　障害に関する情報は個人の健康情報の一部として扱われ、デリケートで機密性が求められるものです。主として、行政に対する障害者雇用状況の報告のために用いられますが、雇用管理等への活用を含め、取り扱いの方法や管理の仕方は各組織の考え方によるところとなります。個人情報の引き継ぎや運用の不備が、トラブルにつながることがあります。

✓ 誰も私を知らない

　職場には人事異動がつきものです。頻繁に人の出入りがある職場では、採用時に関わった人、一緒に仕事をした人も順々に異動し、次々に新たな管理職や仕事仲間へと入れ替わります。なかには、職場に慣れる前に他部署への異動を命じられる人もいます。
　他にも産休等で休職している間に、相当の人事異動があり、復職したら自分が障害者であることや、必要な配慮が曖昧になってしまい、きちんと引き継がれていなかったというエピソードもあります。

✓ 管理職の異動と障害情報

　他にも、障害理解があり適切な配慮を実施してくれていた上司が急な異動で他の部署に移ってしまったという事例があります。部下である障

害をもつ人の情報は日々の慌ただしさの中で忘れ去られ、引き継がれないままとなってしまいました。そこで、改めて配慮の申し出をすると、新任の上司は慌ててしまい、対応までに時間を要することになりました。

管理職にも異動があるため、特定の部下の面倒を見続けることはできません。個人情報を持ち続けるわけにもいきません。実際に、異動時は業務引継や整理手続きなどで慌ただしく、余すことなくすべての情報がきちんと伝達されるとは限りません。後回しになったり、口頭ベースでの引き継ぎに留まることもあります。そのため、障害のある人への配慮等の申し送り事項が伝わらず、その後の管理に影響が出てしまうのです。

 職場定着のための障害情報管理

通常、社員の個人情報や人事評価などは人事部門が集約管理しています。障害者雇用の場合も他の従業員と同様です。また、その情報の運用の仕方や引き継ぎ方法は、職場によって異なります。

障害者雇用での指導や対応の仕方は、上司個人のセンスが活かされる部分があり、当事者への対応は現場任せになっていることが多いようです。その場合、上司の指導は感覚的なものになり、明文化されていないこともあります。障害者を雇用する際は、面談記録や就業時の対応記録などを制作し、人事部門で集約のうえ、担当上司と共有することが望まれます。ここで紹介した事例のように引き継ぎ時の不備から、情報がうまく伝わらない場合も考えられますので、職場に提示している障害特性や要望した配慮がわかる書類、上司との面談記録や議事録、日報など日々の就業状況や体調変化がわかるような記録を自身で残しておくことも一つの対策になるでしょう。職場定着にも関わることですから、雇用側には障害者情報の管理運用について検討されることを望みます。

悩ましい管理職への道

管理職への道

　一般的には、職場に採用されてから仕事に取り組み、難易度の高い職務をこなし実績を上げてから指導的立場になり、その後に管理業務つまり管理職へと昇進します。経験年数や周囲の推薦に加え、実績や試験で評価され、上位職に就きます。障害者雇用枠で働いているからといって、昇進昇格がないわけではなく、管理職として働いている人もいます。

苦痛となった管理職

　障害者雇用枠で採用された発達障害のある人が、仕事への実直さや実績が評価され、リーダー的な役割に就いた事例があります。業務内容はこれまでと同様ですが、仕事量が増えたうえに、クライアントとの簡単な交渉事も兼務するようになりました。また、それらを手伝うために部下が付きました。

　無理のない範囲で試行的な取組みとして管理業務を担うことになりましたが、同時進行やコミュニケーションなどを苦手とする障害特性にも触れることになり、徐々にミスも増え、頻繁にパニックを起こし、日に日に疲弊していきました。その結果、二次障害を引き起こし、仕事を続けることができなくなってしまいました。周囲からの期待も大きく、雇用側も無理のないレベルと判断し、管理職を任せたわけですが、その急変ぶりから当惑するばかりでした。

管理職の実情

　昨今の管理職は、いわゆるプレイングマネージャーとして動くことが一般的です。任される業務も増えれば、それに応じて背負う責任も重くなっていきます。定型発達の人でも上位職と部下との板挟みに合い、精神的にも疲弊してしまうケースも多く見受けられます。役職関係なく、職場全体のメンタルヘルス疾患対策が必須と叫ばれているのが現状です。仕事の功績を認められ、上位職に就くことは喜ばしい名誉である反面、発達障害のある人にとっては、障害特性に触れる機会も多くなり、結果的に苦しい現実をもたらすこともあります。ただ、必ずしも管理職に就くことが本人にとってマイナスになるわけではありません。優秀な部下に囲まれ、助けられてその役目を全うする人もいらっしゃいます。

新たなキャリア概念の創出

　キャリアアップの考え方は、人事制度にも関わることで各組織の人材育成に拠る所が大きいと思われます。人材活用や育成に対する考えが未熟な組織もありますので、キャリアアップの仕組みが整備されているとは言えないのが現状です。また、障害をもつ人のキャリアについてどのように捉えられているかも、それぞれの組織の考えに拠る所となります。
　まずは、自分の価値を高めるために、専門性を追及したり、高度な技能を身につけたりするなど仕事の先鋭化や、一つでもできることを増やし、仕事の幅を広げることもキャリアアップの一段階と考えられます。
　雇用側も、長い時間をかけて経験と実績を重ねた当事者のキャリアを単に管理職に置くのではなく、これまでとは異なる概念や新しい枠組みで本人のキャリアを育てていけるように取り組む必要があるでしょう。

人事評価が受け入れられない

 ### 人事評価がおかしい？

　組織の中で働くようになると、職務に対する評価は避けては通れません。決まった期間内を通しての本人の業務遂行状況や成果、態度・姿勢などが評価され、その評価は待遇や職務内容などに反映されます。

　発達障害のある人の中には、評価に納得できずクレームをつける人がいます。例えば、「評価基準がおかしい」とか、「上司が正当に評価していない」と感情を露わにされる人も見かけます。

 ### 組織の人事評価

　一般的に組織で仕事をするということは、年間を通して担当業務に則したさまざまな目標を立て、それらを達成するために努力邁進することになります。目標を達成できることは大変すばらしいことで、課題を乗り越えるため、努力の末にたどり着いた大きな成果です。ただ、それだけでは完結しません。目標は一度達成すればいいということはなく、その先にある次の目標もクリアしなくてはなりません。

　人事考課の際は、終わることのない飽くなき挑戦をし続けられるかを見ています。これが人事評価の根底にあり、キャリアアップの考え方でもあります。組織によって評価の仕組みは異なるので、目標の持ち方や難易度などもそれぞれ異なります。また、一般雇用者枠と障害者雇用枠を分け、独自の基準で人事評価を行っているところもあります。

自己評価と客観評価

　学校等の教育機関では、試験結果による順位づけが主体となり成績、つまり評価が決まります。試験の点数に教師による判断が合わさることになりますが、一応自分の努力次第で評価が変わります。

　しかし、組織で働く場合には少し状況が異なります。確かに仕事の成果、目標達成も重要ですが、それだけではなく協調性や主体性、交渉折衝力、問題解決力などさまざまな能力が評価対象になります。きちんと数値で表せる項目もあれば、表しにくい項目もあります。そして、実際に評価するのは、主に上司である管理職です。自己評価ではなく、他人による客観評価が多くを占めることになります。

　そのため、自分ではできていると思っていても、周囲も同じように感じているとは限りません。発達障害のある人の中には、思い描いていた人事評価と異なることから、納得できないと反発する人がいます。

自分が見えない障害特性

　人事評価における反発は、これまで他者から評価されたことがなかったり、思った以上に低い評価がなされたりした場合に起こり得ます。発達障害のある人の障害特性である、俯瞰して物事を見ることが難しく、高い自尊心にもつながる「こだわりの強さ」や「偏った思い込み」が自分本位の考えを引き起こしているのです。自分が思い描いていた評価との違いに不満を募らせ、苛立ちの感情を露わにしてしまうのです。

　上司や裁定者は、対象者の振る舞いすべてを見ています。当事者が気づいていない部分も周囲から見ているのです。自分では、完璧で非の打ちどころのない仕事ぶりと思っていても、外から見るとそれほどでもな

かったり、あるいは、もっと高い成果を期待されているのかもしれません。発達障害のある人が自分で自分を評価するとき、その視点がずれているのです。そのズレをキチンと認識しておかないと、いつまで経っても不満が解消されることはありません。業務における目標を決めるとき、周囲が何を期待しているのか、求められているものは何なのかをはっきりさせておくことが大事です。最初に目標を決める際、達成度の基準を曖昧なものにしておくと、後になって齟齬を生む原因になります。

障害者雇用枠で就職したものの、心身面の不安定さから不定期に休みがちになってしまった当事者の事例をご紹介します。いつ休むかわからないので、任せる仕事にも限りがあり、また想定していた成果も十分ではないことから、雇用側としてはどうしても低い評価をせざるを得ない状況になりました。

ただ、本人としては可能な限り努力しているつもりでしたので、その評価に不満を持ち、職場内不和に陥ってしまい、結果的には就労も長続きしませんでした。これも先に述べたように、当初に相互で認識しているつもりだった目標や評価基準にズレがあったことが大きな原因とも言えます。早期に再考するなど、入念な擦り合わせが必要だったと思われます。

✔ 評価と査定

人事評価と密接に関係してくるのが、給与待遇面にも影響する人事査定です。評価の上げ下げがどの程度査定に影響を及ぼすかは、組織固有の制度に依存します。また、人事評価は役職や実績、組織への貢献度によって変動するものです。当然、問題行動を起こして組織に多大な迷惑をかけたりすれば、評価にも査定にも影響してきます。

成長のための評価

　人事評価が上がったり下がったりすると、それに一喜一憂することになるので気が気ではありません。そのため、多くの人がこのような人事評価には、あまり触れたくないと思っているところもあります。

　しかし、見方を変えれば、自分が成長していくためのツールでもあるわけです。人事評価があるということは、目標管理ができて、周囲に見守る人がいて、必要なアドバイスをもらえ、困ったことがあれば助けてもらえる、ということです。仕事の成果が上がれば、自分だけでなく、当然、属する組織のためにもなります。人事評価は成長のためのツールと捉え、積極的に自分のために活用していこうと考えることが大事です。

自分を育成する

　組織によっては、評価や育成制度が整備されていない場合もあります。その場合は、業務の範囲内で自ら目指すべき目標（処理件数などの数量目標）を決め、それを意識して仕事に取り組み、さらに余裕のある人は資格や検定試験などの学習に勤しむようにしましょう。

　あまり仕事に関係のないことや同時に複数のことに手を出すと、どちらが本業かわからなくなったり、すべて挫折してしまう恐れもあるので、あれこれと欲張らず、まずは難易度の低いものから始めてみることをお勧めします。

　目標達成までの期限を決めて、クリアできたら次の目標を設定する、ということを繰り返し、少しずつ自分を育てていきましょう。

保護者の過干渉

保護者主導の就職活動

　障害者雇用枠で就職を目指す人の中には、過剰なまでに保護者主導で動く人がいます。そのため、当事者に自発性がなく自分で考えることができません。採用選考の段階でその実態を見抜かれ、なかなか選考に通らない場合があります。辛くも採用されても、職場では仕事に向き合う姿勢が消極的すぎ、実績を出せずに仕事を続けられなくなることがあります。本人から意欲ではなく、やらされ感が見えてしまうからです。

保護者の行き過ぎた支援

　発達障害のある人の中には、幼少期から保護者の手厚い支援の下で育ってきている人が多く、強い信頼で親子関係が結ばれています。しかし、それがあまりにも強すぎると、自分で決断し、行動するという自発性に乏しくなってしまいます。

　保護者による支援は、無くてはならない最大の支援です。間違った方向に進まないように、手を差し伸べることは大事なことです。しかし、保護者のアドバイスが現実に即していなかったり、間違った認識に基づいて行動している場合もあります。例えば、宿題に取り組む際にも、本来は自分でこなすように導く手助けが望ましいのですが、もどかしさから本人に代わって済ませてしまう方がいます。大学進学の際も、保護者が志望学部を決めたり、本人に不向きな職業でも企業イメージで就職先

を選定したり、応募書類も面接問答も保護者の意向を満たした内容で整えられていたりします。

 ## 過干渉にならない自立支援を

　このように保護者に守られてきた当事者の場合、入社後、すべてにおいてお膳立てがないと何もできない事態になることを危惧します。職場で施される配慮にも限度はありますから、いずれは自分から動き出すことが求められます。家庭の中でも、さまざまな取組みに対して少しずつ「任せて責任を持たせる」ことを増やし、干渉を減らすことが望まれます。失敗を恐れずに何でも挑戦させ、もし失敗してもフォローを忘れずにしっかり行えばよいと考えます。

 ## 未熟さが目立つ対人マナー

　発達障害のある人の中には、職場内だけではなく、日常生活での振る舞いやマナーに未熟さが目立つ人がいます。社会人としての振る舞いやマナーは、職場や就労訓練で指導を受け、身につけることができます。一方、日常生活での振る舞いやマナーは、一番身近な家庭の中で保護者の指導のもと、身につけていくことになります。

　発達障害のある人の振る舞いは、一歩外に出れば保護者の目に届きません。家族や近親者の中で通用するフレンドリーな振る舞いが、それ以外の面識のない人にも通用するものと思っていたり、対話でもメールでも、他人に対して挨拶やお礼、返事が言えなかったり、約束が守れないといった基本的なことができない場合があります。今一度、日常生活上の振る舞いやマナーの見直しが必要と思われます。

仕事の上手な教わり方

✓ 向き合えない上司と部下

　職場では、上司や指導役の先輩社員と発達障害のある当事者との関係が良好である必要性は当然のことです。しかし、実際にはうまく関係構築ができていないこともあります。上司の姿勢として、部下への指導が画一的だったり、障害への理解が足りなかったりすると、当事者の職場定着は難しいかもしれません。反対に、部下である当事者からも仕事に対する意欲的な姿勢が見られなかったり、周囲との関係構築に消極的であったりすると、職場適応ができないかもしれません。

✓ 決め手は上司にあり

　障害者雇用の好事例に共通するのは、良い上司です。あの上司は教え方や説明が上手だとか、当事者への対応がうまいとか、指導方法について高い評価がなされます。障害の理解は当然できていて、当事者の様子をよく観察し、さまざまな工夫や言葉を選んで導きます。テクニックもあれば、指導者その人の「人となり」も影響しているように思われます。

✓ 教わる方にも問題あり

　では、教える側の上司さえしっかりしていれば、すべてがうまくいくかというと、そうではありません。なかには、「助けてもらうことは当

然のこと」「言わないと損だ」と思って、障害者雇用や合理的配慮の意味を取り違えている当事者も見受けられます。指導が悪いから理解できないとか、仕事で成果が出せない原因は、上司の指導や周囲の支援が至らないからだとか、他責思考の人もいます。他にも、黙っていたら何でもしてもらえると考える人もいます。これでは、いつまで経っても仕事は身につきませんし、一人前になることも難しいでしょう。否定的で受け身な姿勢を改めるように意識しなければなりません。

✔ 教えたい人・伸ばしたい人になる

　当然、教える側も人間ですから、相手によって力の入れ方も変わってくるでしょう。教える側は、受け答えがしっかりできていたり、悩みながらも真面目に取り組もうとする姿勢が見えたりすると、支えたいと感じるものです。教えがいのある人だと感じたら、「しっかり伝えよう」「一人前に育てよう」と意気込みます。教わる側には、「教わりたい」「知りたい」「一人前になりたい」という積極的な気持ちがないといけませんし、その気持ちを姿勢や態度で示さないとわかってもらえません。

✔ 弱い意思表示でも発信すること

　コミュニケーションの弱さから意思表示が苦手な人もいます。うまく表現できないかもしれませんが、黙っていても意志疎通はできません。相手の言っていることがわからないなら、わかったふりをせず、どこまでは理解できて、どこからがわからないのか、断片でも表さないと通じません。感情をそのままぶつけても何も解決しません。不安や困難さを冷静に伝えて、その原因を周囲と一緒に紐解いていきましょう。

第 3 章　働き始めてからの課題　**85**

職場では当たり前の曖昧な言葉

　曖昧な言葉や表現は、発達障害のある人にとっては理解に苦しみ、彼らに対して用いることを控えるべきとされています。しかし、職場にはまだまだ捉えようのない意味をもつ言葉や表現が数多く存在し、使わないように意識していても、ふとした瞬間に出てきます。その多くの曖昧な言葉の中から、いくつかを解説します。よく言われる「あれ、これ、それ」のような抽象的な表現ではなく、本来の意味とは異なる別の意味を示す言葉は、当事者にとって見えないものを察するという難しい内容です。雇用側でも注意すべき言葉・表現になるでしょう。

● 「手を抜く」

　本来の言葉の使い方から見ると、「決められたことをせずにいい加減にする」という意味合いがあり、あまり良いイメージがないのですが、別の意味を込めて用いられることがあります。

　本当にやるべきことをしなかったり、手間を省いたりするなどのズルいことはもちろんしてはいけないのですが、体力・集中力・意欲が途切れないように休憩を入れながら、仕事への力の入れ方に強弱をつけることを意味して使われる場合があります。

　発達障害のある人は、真面目に最初から最後まで全身全霊で、気を張り続けて仕事に取り組む傾向があるため、そのままでは身も心も疲弊して長続きしません。定期的に息抜きをして休むことが大事です。他にも「適当にやっておいて」（『発達障害の人が働くためのQ＆A』p.76）とか「要領よく」という表現も同じ意味合いで使われます。

● 「折り合いをつける」

　互いに譲り合うことが本来の意味です。一言で言うと、妥協するということになります。これを仕事の場面に置き換えると、期限とコストの間で折り合いをつけて、仕事の優先順位を決めるという意味で用います。

　配慮を求める際も、実現可能な点をどこにするかで「折り合いをつける」と言います。

　発達障害のある人の場合、言葉の意味以上に、どこを境にして妥協するのか決められず、悩み続けて身動きできなくなる恐れがあります。場合によっては、相手と折衝する必要も出てきますが、どこで決着すればいいのかわからなくなってしまいます。一人で抱えずに、周囲の人に積極的に相談して、納得できる点を詰めておくことが望ましいです。

● 「無理をしないように」

　周囲から見ると真剣に仕事をする姿に感心はするものの、発達障害のある人の中には、あまりにも集中しすぎて逆に倒れないか心配になる人がいます。そういう様子を見たとき、気遣いからこのような声掛けをします。実は、過集中になると自身の疲労にも気づかないことが、障害の特徴の一つに挙げられます。そのため、「無理をしないように」と声をかけられても、どこからが「無理」なのかがよくわかりません。「わかりました」と返答はしていても、頭の中では困惑していることもあります。もし、「無理をしないように」と声掛けされたら、仕事の進捗状況と時間を見て、一息つく休憩時期なのかどうか確認するタイミングと見ればよいでしょう。周囲に仕事の進捗を調整してもらうことも最善の対応になりますから、事前に声掛けを依頼しておくことも自衛手段です。他にも、「ほどほどにして切り上げるように」（**『発達障害の人が働くためのQ & A』** p.94）も同様の意味があります。

第3章 働き始めてからの課題　87

● 「だましだましでやってよ」

　危うい状況ではあるが、何とかやり過ごすために丁寧な扱いをするという意味です。例えば、機械等がいつ壊れて動かなくなってもおかしくない状況で、その場に応じて手加減しながら使い続けるときに用いたりする言葉です。

　しかし、発達障害のある人にとっては、そのあやふやな手加減の仕方が想像できず、戸惑うことになります。実際には、過去の経験というより直感に近いさじ加減で物事を判断することになり、うまくいくこともあれば、失敗することもあります。発達障害のある人に対して、このような根拠のない細かい調整を指示すること自体、無理があります。具体的にどのようにするのか、判断がつかない部分もあるので詳細な教示をお願いすることが望ましいです。

　また、トラブルに陥ってどうすることもできなくなった場合の対処方法も教えてもらうようにしましょう。

● 「簡単に〜」、「わかりやすく〜」ってどのぐらい？

　これは、発達障害のある人にも周囲にいる支援者にも言えることかもしれません。「簡単に」や「わかりやすく」という表現ですが、何を基準にして、どのぐらい簡単でわかりやすいのかというと、具体的ではなく実は不明瞭な表現かもしれません。基準は、やはり相手が理解できるかどうかです。

　解説のためにマニュアルや図表、フローチャートを制作しても、相手の理解が得られないのであれば、わかりやすいとは言えません。雇用側も当事者も、本当に相手が理解しているかどうかを意識しながら、伝え方を考えることが大事と言えます。くれぐれも自分基準にならないようにしましょう。

合理的配慮の課題

 ## 合理的配慮について

　2013年に障害者差別解消法が成立し、それに合わせて障害者雇用促進法も改正されました。これにより、合理的配慮が明記され、雇用に関してはすべての雇用主に対して提供義務（不当な差別的取扱いの禁止も義務）となりました。合理的配慮は当事者本人等からの申し入れを基本として、建設的に相互の合意形成によって生み出され、提供されます。つまり、お互いの納得のうえで成り立つものです。

　ただし、公的支援の代替対応等のいくつかの要件（厚労省の合理的配慮指針）により、提供者に過重な負担を強いることになると考えられる場合には、提供の義務を負わないことになります。まだまだ、配慮の取り扱いで課題となる部分はあるのですが、これまで暗黙のモラルとして見られていた障害者への配慮の明文化は、大きな前進と言えます。

 ## 誤解されている合理的配慮の提供義務

　障害をもつ人の中には、この法律ができたのだから「何でも配慮しないといけない」「言えばすべて叶う」と考える人もいて、対応に苦慮している支援者の話を耳にします。

　確かに、法令順守が原則ですから守らないといけないことですが、必ずしも、申し出た配慮がすべて叶うというわけではありません。その配慮内容が雇用側に過重な負担と見なされる場合もあります。求める方と

提供する方の間で必要な相互の合意形成が成り立たず、実現しないこと
もあります。合理的配慮の提供の意味を勘違いしないようにしましょう。

✔️ 配慮提供に際して

　合理的配慮の提供を受ける際に、忘れてはいけないことがあります。

　まず、配慮については、当事者を含めた関係する人や環境に応じて変
わります。個別性が非常に高く、前例となる他者への配慮例がそのまま
通用するとは限らないということです。配慮の内容は、その場に応じて
変わっていくものと認識しておきましょう。

　それから、提供される配慮に対して過度な完成度を求めようとした
り、代替を許さなかったりする人もいます。多くの配慮は人が行うもの
ですから、内容や状況によっては提供に際して、何かしらの不備・不手
際が発生することもあると認識しておかないといけません。双方の信頼
がないと、納得のいく配慮は生まれません。配慮の質は相互に協力し改
善し合い、成長していくものと考えることが望ましいです。

　他にも、正当な理由がないのに、自分の満足のためだけに何度も配慮
を願い出る人もいるようですが、状況によっては過重な配慮要求と見な
される可能性がありますので、よく注意しておきましょう。

　現段階では、合理的配慮に関して、さまざまなかたちで模索が進めら
れていますが、どんな配慮を過重と見なすのか、その境界線に曖昧さが
残るため、全体として掴みどころのなさを感じます。今後、多くの合理
的配慮の事例が生まれることで、傾向と方向性がはっきりしてくるもの
と思われます。

咄嗟の対応が求められる

間違ったクレーム対応

　本音と建前（p.72）に悩む姿があったように、他にも発達障害のある人が仕事をする中で困惑する場面があります。

　ビジネスの世界に限った話ではありませんが、表面的には正しいことでも、その場の状況によってはふさわしくない行動だと指摘され、当事者が困惑してしまうことがあります。本人は素直に正直に振る舞い、よかれと思って行っていることなのに、否定されるのは納得いかないと感じるでしょう。

　実際に起こったエピソードを例に見てみましょう。サービス業の営業支援の仕事に就いている当事者が、顧客からの緊急連絡を受け、トラブル対応のために当該担当者を呼び出すように要請されました。しかし、担当者は休暇中で簡単には連絡がつかない状態にありました。そこで、担当者の休暇を正直に伝え、さらに担当不在のため対応不可と答えてしまいました。そのため顧客の不安と不満を増大させることになり、結果的に収拾のつかない状態にまでなってしまいました。

　担当者が休暇を取ること自体に問題はありませんし、事前にトラブルの発生が予想できるわけでもありませんから、致し方ないことです。そして、当時、予備知識なく顧客対応をした発達障害のある当事者が、担当者不在の事実を伝えずに、ウソをつくことが正しいかのように後で指摘されても、納得がいかないと感じることは自然な感情と言えます。

　このような場合は、所用による担当者の不在を伝えて、代替で上司や

別要員に引き継いで即対応してもらいます。代役を立てて応急対応し、その場を乗り切り、担当につなぐまでの時間を稼ぐことが常套手段です。しかし、予備知識や事前の対処策を知らなければわかりませんし、周囲の状況を察する力もないと、そのような咄嗟の機転は利かないでしょう。

職場の流儀がある

嘘をつくことは、当然いけないことです。しかし、場面や状況によっては、本当のことを言うと相手の怒りを和らげるどころか、逆に更に怒りを買ってしまうことがあります。それ以降、双方が険悪な間柄になり、業務が滞ったり、仕事が途絶えてしまうような自体にまで陥ることもないとは言い切れません。

そのためイレギュラーな対応策として、事実を言わない、という方法もあるのです。これは、その場の騒動をうまく収めるための便宜上の解決手段であり、業務を円滑に進めるためのテクニックでもあります。一般的に職場でも認められているトラブル対応策ですが、当事者の中には理解に苦しみ、不条理で納得いかないと考える人もいることでしょう。

咄嗟の場面回避は難しい

発達障害の障害特性として、咄嗟の場面で最適な対処を考えて行動することを苦手とする人もいます。良かれと思ってしたことでも、状況によっては適切でなく余計なことを、と注意されるかもしれません。もし判断に困る場面に遭遇したら、速やかに上司や同僚に相談して対応してもらうようにしましょう。雇用側には、事前に懸念が持たれるような場から当事者を離したり、回避行動を定めたりする対策が求められます。

ばらつきのある職場の障害理解

障害理解のジレンマ

　採用選考の場面や、入社後に配慮を求める場面では、自分の障害特性について、相手にわかりやすく伝えます。これは、就業においてだけでなく日常生活を送るうえでも大切なことです。しかし、当事者の中には、それだけでは物足りなさを感じ、不安に思う人がいます。

　発達障害はさまざまな特性が重複し、個人によって異なるかたちで現れます。当事者の本音では、その細やかで複雑に込み入った特性をすべてわかってほしいと思っています。しかし、多くの人に理解してもらおうとすると、誰にでも理解できるような表現に留めたり、微妙なニュアンスを省いたり、別の言い回しをしたりします。そのため、情報に過不足が生じ、実際の発達障害とは別のイメージを植え付けてしまう恐れがあります。そうかと言って、本当の姿をすべて伝えようとすると、複雑で難しくなり伝わらないという矛盾に苛まれることになるのです。当事者はとても歯がゆい思いをしています。

社会全体への障害特性の周知

　メディア等の媒体では表現仕様の制限もあり、わかりやすくするために典型的な障害特性タイプに絞ったり、発達障害のイメージを固定化したりすることがあります。その情報だけを信じ、ステレオタイプ的に捉えてしまう人がいると、当事者との間に齟齬が生まれる原因になります。

望ましい障害の伝え方

　職場に向けて障害について説明する場合には、やはり就業時の配慮に関わる障害特性を重点的に、次いで職場生活を営むうえで関係してくる特性を伝えることが基本になります。

　職場で働くということは、ただ仕事をこなすだけでなく、周囲の人と一緒にその場を共にすることになります。理解ある関係がないと、支え合うことは難しくなります。そのため、仕事にまつわることだけでなく、生活面に関わる障害特性についても理解を求めることが必要となるのです。なかには、止めどなく特性と欲しい配慮を列挙する人もいれば、「特に支障はありません」と何も伝えない人もいますが、今後職場を共にする相手から見ると、両者ともにあまりよい印象は持てません。

　第三者の立場にいる支援者らと相談したうえ、特性をどこまで伝えるかを決めたり、正確性を高める資料（就労支援機関のアセスメントシートや障害者職業センターによる障害特性判定結果など）も添えたりするなど、信用度を上げるための有効な手段を活用しましょう。

多様な障害の受け止め方

　昨今、発達障害についてのさまざまな情報が世の中に広がっています。しかし、障害について学び、支援が実践できる人もいれば、その域にまで達していない人もいます。障害について人の見方はさまざまですので、理解の仕方も人によって違います。同じことを伝えても、捉え方・感じ方は人それぞれです。これは職場においても同様です。今後も続く障害の啓発活動に期待しつつも、誰もが望むように理解されないこともあるという現実を受け止めることも大事かと思います。

職場で垣間見るさまざまな障害特性

　発達障害のある人が入社後、定型発達の人と同じ環境で仕事に取り組む際、さまざまな場面で発達障害特有の障害特性が浮き彫りになることがあります。常に現れるわけではなく、ふとしたタイミングで現れます。採用選考時には、業務遂行に関係ないとして取り上げられていないこともあるため、職場内で違和感を持たれる場合があります。また、それが元で周囲との間に軋轢を生むこともあります。障害特性については、双方で共有し合い、理解を深めていくことが大事です。

職場の雰囲気に翻弄されやすい

　職種や職場によって、働く環境には独自の雰囲気があります。仕事の進み具合はもちろんのこと、人の動き方や習慣も違います。

　発達障害のある人の特徴に、新しい環境に馴染むまでに長い時間を要するというものがあります。定型発達の人も同様に、誰しもが新しい環境にすぐに馴染めるわけではないのですが、発達障害のある人の場合、障害特性の一つでもある感覚の過敏さにより、新しい環境で感じる情報を一気に受け付けてしまい、うまく整理できないのです。そのため、入社・転職直後では仕事のペースを掴むまでに時間がかかったりします。

　しかし、焦る必要も慌てることもありませんから、わからないことがあれば上司や支援者に確認しながら、一つひとつ着実に仕事を覚えていけばよいでしょう。

　雇用側は、当事者と協議して落ち着いて働ける職場づくりのための環

第3章 働き始めてからの課題　95

境要因を見つけ出し、可能な限り整えていきます。仕事の進め方もスロースタートにして、様子を見ながらステップアップするような配慮が望ましいでしょう。

言葉一つで関係悪化

　発達障害のある人の中には、感覚過敏の特性にも紐づいて、ストレートな発言に動揺してしまうレジリエンス（うたれ強さ）の低さがあったりします。

　相手は「こうした方がいい」とアドバイスをしたつもりが、「自分の仕事のやり方に介入された」「自分の考えを否定された」と捉えてしまうことがあります。周囲が良かれと思って発した言葉で、傷ついてしまい落ち込んでしまうこともあります。さらに、障害特性でもある思い込みの強さから険悪なムードになってしまうのです。一度、壊れた人間関係の修復は非常に困難を極めます。周囲はアドバイスもできないのかと腫れ物に触るような雰囲気になり、声もかけにくくなって距離を置いてしまうようになります。そうなると、周囲が自分を避けていると被害妄想をもつようになり、悪循環に陥ります。一方、感覚鈍麻のある人の場合、動じることはありませんが、周囲の状況を感じ取ることができず、空気が読めないとか鈍いとか言われたりします。こうした経験がトラウマになって、自分に自信が持てず自己肯定感が低くなっているケースも考えられます。

　また、発達障害のある人の中には、ストレートな言葉だけではなく、冗談めいた言葉でも真に受けたり、信頼していた上司や支援者の異動に失望感を持ったり、財務・勤怠情報などを見て内情に驚くなど、周囲から見ると意外と思えるような事象で動揺し落ち込んでしまう人もいます。

しかし、何に置いても最初から当事者を責めるようなことはありませんし、トラブル等に陥らないよう守るために発している言葉ですから、周囲の言葉を素直に受け入れることが大事です。発達障害のある人たちは、障害特性から思い込みが強いことを自覚し、自分本位にならないように意識しておきましょう。

職場では、当事者の過敏さに十分注意したうえで、声掛けの際には別室で面談をしたり、声を荒げることなく丁寧に話をするように心掛けることが望ましいです。

待てない、知りたい、辛抱できない

発達障害のある人が仕事をしていく中で、周囲から苦情としてよく挙がる話を紹介します。仕事の途中で「これはどうしたらいいのだろう？」と疑問が生じ、手の止まってしまう当事者がいます。これがわからないと先に進めないからと、上司らの都合などお構いなしに尋ねに行き、さらに、即答を催促したりします。また、思いついたら黙っていられないと、止めどなく思いつく疑問を尋ね続けてしまうこともあります。

その行動の理由は、すべてを理解してからでないと先に進めないからとか、口に出して話さないと落ち着かないからとか、思いついたことを忘れてしまうからというものです。どれも不安から生まれる行動で、発達障害の障害特性の一つでもある衝動性が関わるものと考えられます。

これでは、受け止める側である上司や指導者にも大きな負担がかかります。彼ら自身の通常業務とそこに加わる当事者への対応で徐々に疲弊していきます。当事者も辛いですが、周囲も疲弊してしまうことを認識しておきましょう。当事者にできる対処法として、質問事項をメモにして書き留めたり、相談担当の同僚に相談したりと、まずは1回、間を置

いて、不安を和らげてからまとめて問合せることが望ましいでしょう。

とは言え、発達障害のある人にとって、タイミングを図ること、相手の様子を見計らうことも難しいことです。定期的に上司らと対話する機会を設けたり、当事者からの合図の出し方を事前に決めておくことが賢明です。

✔ できないことを克服したい

苦手なことに挑むというのは、前向きで向上心に満ちた姿勢です。それは障害のあるなしに関係なく、自分の価値を高めるための原動力でもあります。仮に今はできなくても、訓練や経験を積むことで克服できることがあります。ただ、発達障害は脳機能障害ですから、機能的に何かしらの支障があります。仕事上は、それを補うために代替対処や業務の調整などの配慮が施されます。しかし、一部には機能的に困難であるとわかっていても、配慮や評価を頑として受け付けない当事者もいます。

この根底には、障害を言い訳にしたくないという想いがあり、他の人と同じように扱ってほしいという願いがあります。また、できない自分を認めたくないとも思っています。仕事が無くなるのでは？　という不安もこの頑な姿勢の要因の一つと思われます。前向きな想いは大切ですが、いつまでも意地を張り続けると、業務に支障を来し職場に迷惑をかけることになります。そうならないためにも、自分の特性を冷静に見つめ、周囲の評価を素直に受け入れ、適性を認める姿勢が必要です。

仕事の出来を評価する際には、雇用側と齟齬が出ないように事前の取り決めをしておく必要があります。どのように業務を進め、どう評価していくか、フィードバックのタイミングやフォローの仕方など業務遂行計画を、上司らを交えて事前に細かく取り決めておきましょう。

絡み合う障害特性

　発達障害の特性とその他の要因によって、躁鬱などの二次障害が発症することはよく知られていることです。就業する中で、ストレスなど何らかの原因により二次障害が引き起こされることもあり、それが職場でのトラブルとなり、状況や問題解決を複雑化してしまうこともあります。

　例えば、二次障害でもある双極性障害を発症すると、躁状態では些細なことであっても感覚がより過敏になり、感情の高ぶりも激しくなります。さらには二極化思考に至ることもあり、極端な自己嫌悪に陥ったかと思えば、反対に周囲に攻撃的な言動を取ったりします。障害特性と二次障害が絡み合い、状態を悪くするのです。仕事においても一人で突っ走ってしまい、指示が待てなかったり、ちょっとした言葉や行為に対しても周囲に激高したりと、すぐには収拾できない状態に陥り、周囲から孤立し、最終的には職場にいられなくなってしまいます。

　常に自分の心身の状態を掴んでおくようにし、危うい場合にはすぐに相談し、さらに悪化しないように上司や支援者らからの指示（診療を受ける、休養を取るなど）には素直に従うようにしましょう。職場としても、相互のコミュニケーションを頻繁にとって、日々の体調変化を掴み、些細なことでも相談できる環境作りを心がけましょう。

障害特性に対する自覚の偏り

　当事者が障害特性について自覚できているといっても、やはりすべてを把握できているとは限りません。例えば、感覚鈍麻があると、自身の特性や状態にも気づきにくいことがあります。周囲から見ると、本人だけが仕事が思うようにできず、取り残されていたり、不利な状況に陥っ

ていることが把握できるのに、当の本人は全く気づいていなかったりするのです。そのため、注意や助言を与えても、その意図が理解できず、逆に不快に感じて余計なお世話と感情を荒げることもあります。

　なかには、障害特性や自身の状態に気づいてはいるものの、それをどのように周囲に伝えればいいかわからないというコミュニケーションの苦手さから表現ができずにいるために、周囲からは「自覚がない」「困っているように感じられない」など誤解されていることもあります。

　やはり、周囲の声を素直に信じ、それを受け入れること、省みることが必要となります。邪見と感じることなく、自身のための助言であると耳を傾ける姿勢を持つようにしましょう。

🦅 時間的配慮の必要性

　発達障害のある人が仕事をするときには、障害特性による業務上の支障を軽減するために、不得手なことへの自助努力はもちろん、代替対処を施したり、周囲からサポートを得たりするものですが、実際にはそう簡単に問題が改善したり、克服できるものでもありません。個人差はありますが、今うまくできることもあれば、次回は思いのままにならないということもあります。つまり、一進一退を何度も繰り返していきます。

　ですから、本人にも周囲にも、粘り強く困難に向き合う根気強さが必要です。一番苦しいのは当事者本人ですから、うまくいかないと腐ることもあり、諦めてしまいそうにもなります。ですから、目標を刻みながら、小さくても達成感を味わいながら進めていくしかありません。それでも難しいのであれば、思い切って方向転換を考えてみてもよいでしょう。周囲も当事者と同様に辛抱強く、寄り添い助けていくという方針を持たなければ、職場定着は難しいということを認識しましょう。

「リアルタイム自己理解」のススメ

Hライフラボ／明星大学発達支援研究センター　**岩本友規**

◎ キャリアアップどころじゃない

　ある昼間のことです。私はパソコンの表計算ソフトを使って、大学を卒業した年と自分の年齢、そして過去に勤めたことのある会社を書き並べていました。転職回数が多く、同じ年に入退職することもあったので、表を使って整理しないと自分でもまったく把握できなかったからです。こうして書き出した年月を、履歴書に記入していきました。志望動機欄には1枚ごとに半日くらいかけて、それぞれの会社に合わせた内容を書き入れます。次に証明写真を貼り付けますが、これがまた難題です。写真の撮影をこれでもかというくらい先延ばしにしてしまいます。まあいいか、今日行っても明日行っても同じだろうと思いながら、気付けば今日が応募期限。そんなことを繰り返していました。

　やっとのことで重い腰を上げても、休職中に太ってしまいスラックスはサイズが合わず、ネクタイの締め方も忘れ何度も締め直さなくてはなりませんでした。封筒に宛先を書くこともままなりません。何度も何度も会社の宛先を確認しながら書いているのに、いざ書き出すと、なぜか途中から自分の実家の住所や、現住所を書き込んでしまっていることが何度もありました。応募期限当日にそんなことをしているので、十分に余裕を見て買ってあった封筒が見つからず、あわてて買いに走る。毎月変わる薬の副作用のせいでぐわんぐわんする頭をぎりぎりで動かして、ヘトヘトになりながら応募書類を作りました。

　ところがようやくたくさんの高いハードルを越えたとしても、その

ときポストへ投函するために抱えていたのは、自分にとってはキャリアダウンの応募書類の束でした。できれば元の会社へ復職したいけれど、休職できる期間もあとわずかだし、今のままでは働き続けられないかもしれない。今の会社へ入れるからということで結婚した妻は、キャリアダウンの履歴書を作っているすぐ目の前で、昼食のスパゲッティを作ってくれていました。これはそんな妻への申し訳ない気持ちと、今の自分ができそうな業務の少なさに落胆しながらも、悩んだ末の一般雇用から障害者雇用へのキャリアダウン転職活動だったのです。

　こうして一大決心して望んだ転職活動でしたが、このときは特例子会社を含めて１社からも良い返事はありませんでした。生活のためのキャリアダウンさえ、社会に認めてもらえない。さすがにこのときはかなり落ち込みました。先の見えない不安から、何度もマンション４階の自室のベランダから下をのぞきこむようになってしまいました。

　こうしたギリギリの生活が数年続き、体調は上昇下降を繰り返し、私は体力的にも精神的にも疲れ果ててしまいました。仕事では数千万円単位の社内経費システム処理も間違えて、普段からお世話になっている人にも迷惑をかけてしまったし、絶対間違えていないと自信のあった重要書類にもたくさんミスが出るありさまです。期限のある未処理の仕事という時限爆弾もたくさん抱えているストレスで、毎晩眠るのが怖くなり、本やマンガなどの現実逃避に走り睡眠不足になる日々に、もう限界がきていました。

◎ リアルタイム自己理解という驚きの機能

　「リアルタイム自己理解」はこのコラムでの私の造語です。普段は「自立」「精神的自立」「メタ認知力」という単語を使って説明していますが、これら発達の促進プログラムを開発することが私の研究テーマであり、現在の仕事です。発達障害のある人へのトレーニングはもちろ

んのこと、同じくこの機能が発達していないと思われる社会人の方へのサービス提供にも取り組んでいます。

　前述の転職活動に四苦八苦していたある日、転機が訪れました。オフィスの移転をきっかけに、産業医の先生が近隣のクリニックを紹介してくれたのです。その時点では、休職～復職のリワークを含めて数年来かかっていたクリニックに引き続き通っていました。ただ、うつ状態を伴う気分の波が治らずに長く続いていたこともあり、まずは思い切ってセカンドオピニオンということで受診してみて、良さそうであれば転院してみよう、と考えて新しいクリニックへ行ってみました。そのクリニックでは以前のような5分間診療ではなく、必要に応じて長時間でも問診してくれるとあって、すぐに転院を決めました。発達障害の診断が出たのは、転院から2～3ヶ月したときのことです。

　新たに処方されたADHDの薬を飲んでいると、少しずつですが、いま（または以前）「自分」が何を考えたり感じたりしているかについて、モニタリングできるようになってきたのです。それまでは、「自分が行動の主体である」、つまり自分の手や足を動かしたり、考えているのは自分だ、という感覚はあったのですが、実際にはその場の環境や状況に合わせて「自動的にただ反応している」ような自分が、見たり感じた世界をただそのまま味わっているだけ、という状態でした。ところがADHD向けに処方された薬を飲み始めたところ、「自分の行動を通して見た風景をただ思い出す」だけではなく、「ある行動を取ったときの身体感覚がどうだったか」や、「いま自分がどんな状態にあるか、何を考えているか、何をしようとしているか」などについて、だんだんと気づきの対象として捉えることができるようになってきました。これは、今までただ漠然と味わっていた自分の考えていることが、突然ある種の「モノ」（例えば「自分の心の中」を放送しているテレビなどのような）として客観的に捉えることができるよう

コラム　「リアルタイム自己理解」のススメ　103

になった、ということです。これが「リアルタイム自己理解」です。

　リアルタイム自己理解を作動させるためには、脳の中の神経回路がいくつかの条件を満たしている必要があります。ADHD 向けの薬を飲めばできるようになるか、というとそう簡単ではありません。たまたま私の場合は、必要条件の一つである「注意力」に関連する脳神経回路が、薬を飲んで仕事をすることで少しずつ使えるようになってきていたのに加え、その他の前提条件がもともとほぼ揃っていたために自分の心の状態に気づけるようになってきた、ということのようなのです。

　私はこの転機をきっかけに、不適当な認知を修正しやすくなり、さらにストレスからの回復力が上がり、多少のハードワークにも耐えられるようになりました。また、「本当のところ自分は何がやりたいのか」に気がつけるようになることで、はっきりした目標ができ、その後のキャリアアップにつながっていったのです。

◎ リアルタイム自己理解を誰もが身につけられる世界のために

　発達障害のある人が就労を継続するにあたり必要なことを調査した日本の研究文献では、職場の環境調整や業務のマッチングとともに、その前提として当事者の「自己理解」の重要性を強調しています。発達障害のある人は、上記で述べたような自分の状態のモニタリング力が弱く、また作業の得意不得意・職場環境の適不適が激しいと言われていますので、実際にいろいろな職場に行ってみて・作業をしてみて、経験を振り返るということが支援の現場で行われています。自分に合った職場を見つける、というだけであれば、その実体験を後から振り返るだけでも構わないと思います。ただし、キャリアアップを目指すためには、ぜひ汎用性のある（どんな職場や状況でも使うことができる）リアルタイム自己理解力を身につけてみてはいかがでしょうか。

　リアルタイム自己理解の力を発達させて、自分の仕事ぶりをいつも

モニタリングしてみてください。そうすると、仕事の出来・不出来や、その精度を見直す余裕、仕事の優先順位を自分で判断する力などが身についてきます。私もこの「リアルタイム自己理解」の力が上がったおかげで、例えば「見直しをせず、次の行動に移ろうとしている自分」、「見直しをするべきタイミングで、何をしようか考えている自分」に気がつけるようになり、次の行動に移りたい自分の気持ちを抑えて直前の仕事の見直しをすることで、うっかりミスが大幅に減りました。さらに非常に近い能力として、他者の心を想像する力が身についてくると見ています。自分の心の状態を捉えることと、他者の心の状態を推測することはとても似ているのです。

　では、どうすればリアルタイム自己理解ができるようになるのでしょうか。リアルタイム自己理解の機能を発達させるには、脳の中の前頭葉という場所を中心に、関連機能の神経ネットワークを新しく作っていく必要があります。最近は大人になってからも、新しい経験や学習で脳神経ネットワークが発達する、というのが常識になりつつあります。あきらめずに少しずつ、新しい経験や自分ができることを増やしたり、本を読んで知識を得ていくことが大切です。

　「他の人は違う感じ方をしているかもしれない」という視点に気がつける人が一人でも多く増えることは、発達障害をはじめさまざまな立場の人が一緒に働く助けになる、と信じています。もし、ご自身のキャリアに悩んでいたり、まだ自分のやりたいことが見つかっていない方がいらっしゃったら、この「リアルタイム自己理解」のための研究活動をぜひ一緒に進めていきませんか？　私たちのかけがえのない経験を、世界を変えるチカラにしていきましょう。「みんな違ってあたりまえ」の世界は、みんなと違って苦しんだ人だからこそ創ることができるのです。

コラム　「リアルタイム自己理解」のススメ　**105**

第4章

キャリアアップ創出プロジェクト

自分のことがわからないままでの自立の難しさ

　「自分のこと」とは何を表しているのでしょうか。

　発達障害のある人はその特性から、客観的な視点で物事を考えることが苦手で、意外に自分のことがわかっていません。あるいはわかっていても、対面でのコミュニケーションの不得意さから、上手く説明できない、説明する場合でも簡単な表現にとどまるようなケースが多いと感じます。

　2016 年に施行された障害者差別解消法で合理的配慮義務が定められましたが、ここでもどういう配慮が必要なのか、事業者等に対して当事者が具体的に説明することが求められています。「聴覚による情報処理が苦手なので、説明する際には紙に書いてください」「プレゼンは聴覚過敏と発語が遅いので苦手ですが、スライドの作成は得意です」というように、配慮してもらいたいこと／できることを話すことが大切です。

　自分自身にどのような特性があるのかは地域や学校、会社など関わる人や機会の数に比例して言語化されていきます。つまり、行動範囲が狭いままだと、自分自身がどういう人間なのかというのはわからないのです。

　発達障害のある人は、すべての人が大なり小なり生来的な脳の特性（発達特性）を持っています。それが何らかの生活障害を生じる原因となり、その症状によって自閉症スペクトラム（ASD）、注意欠如多動症（ADHD）、学習障害（LD）に診断されます。しかしながら、社会、特に職場で同僚や上司との良好な人間関係を築くためには、診断名ではなく、自身の発達障害の特性を相手にわかるように伝える必要があります。

人間関係を築く際には、相手の知識を得るために、情報を能動的に収集し、それを知覚・記憶し、さらに推理・判断を加えて処理する「認知」といわれる過程があります。この過程には、人それぞれが持つ「認知特性」という機能が関わっており、その人のコミュニケーションの得手不得手を知る手掛かりとして用いられています。

自身の認知特性を知る

　認知特性とは、目で見る、耳で聴く、鼻で嗅ぐといった五感を中心とした感覚器から入ってきたさまざまな情報を記憶したり、脳の中で理解して表現したりする能力のことで、これらの情報処理の方法は個々人によって異なります。

図1　認知機能（人間の活動）

　「メモがとれない」というのは発達障害のある人の「困りごと」の定番の一つです。これは、聞くことと書くこと、2つの作業が同時にできないということになりますが、脳の特性として考えると、ワーキングメモリが小さいために聞いたことをすぐ忘れる、聴覚からの情報処理（理解）が遅い、理解できても文字に変換する（アウトプット）のが苦手、話の中で興味関心をひく言葉があるとその後の話を聞くことができない（集中できない）など、さまざまな原因で表出します。

認知特性については、発達障害の診断の際に用いられるウェクスラー式知能検査（WAIS-Ⅲ）で調べられる知能や言語能力、視聴覚認知、空間知覚、注意、実行機能、心理特性、対人関係特性などでも、その傾向がわかります。ただ、医療機関で受診する場合には、検査時間や費用がかかることに加え、一度測定すると次回まで間隔を置く必要があるため、何度も調べることができないという側面があります。

最近では、認知特性をアセスメントするツールやアプリ（本田 40 式認知特性テスト、脳活バランサー®等）があるようです。

認知特性に応じた得意なコミュニケーション方法を見つける

人は主に視覚と聴覚から音声情報や言語（文字情報）、図形情報、イメージ情報など、さまざまなかたちで情報を受け取っていますが、その情報の獲得から理解・判断・学習・思考し、行動・発信するまでの情報処理の方法は、その人が持つ脳の特性（認知特性）によって異なります。

認知特性には、人によって視覚優位、聴覚優位、言語優位などがあり、また、情報媒体が文字情報、図形（映像）情報であるかによっても得手不得手があります。例えば、話し手の説明が音声情報だけだとわからない、文字ばかりのスライドは苦手、図や写真だけだと理解が進まない、というようにコミュニケーション手段によって、理解度が異なるケースがあります。

自身の認知特性を知ることで、どのような工夫を加えれば情報を受け取りやすいのか、アウトプットしやすいのかを理解し、職場でのコミュニケーションに応用することが、仕事を円滑に行うことにつながります。

実際に、自身の認知特性をよく理解し、上手く活用することで苦手な業務をこなしている方も増えています。

就業定着からキャリアアップへ

　2005（平成17）年に施行された「発達障害者支援法」が2016（平成28）年5月に改正され、「発達障害者への支援は社会的障壁を除去するために行う」という基本理念が追加されました。同時に、国および都道府県は就労の定着を支援することも盛り込まれました。

　また、同年に施行された障害者差別解消法では、行政機関や学校、企業などの事業者に、①障害を理由とする不当な差別的取り扱い禁止と、②合理的配慮の提供義務が課せられることになりました。さらに、2018（平成30）年4月1日の障害者雇用促進法の改正により、法定雇用率の算定基礎の対象に新たに精神障害者が加わり、段階的に法定雇用率が引き上げになりました。

　このように発達障害のある人の就職と職場定着のための環境整備が少しずつですが改善していく中で、キャリアアップを目指したいという人が徐々に増えてきました。

　発達障害のある人は、学生時代や就業経験の浅い段階で、何かしらのつまずきによって発達障害と診断され、就業継続が上手くいかず、障害者雇用枠や非正規、あるいは有期雇用契約といった雇用形態で働くケースが多いようです。そういった方たちは、新入職員研修以外は長期に研修を受ける機会が少なく、学ぶ機会の喪失、あるいは学び残しといった問題が見受けられます。これは、企業が社員に対して時間をかけて長期に育成していくことができなくなっていることや、研修の対象を正社員など一部のコア社員に絞り込んでいることも一つの要因のようです。

　2017年にスタートした発達障害のある人を対象としたキャリアアッ

プ創出プロジェクトの参加者に行った事前アンケートで「現在困っていること」を聞いた結果、「将来への不安」というのが一番多い回答でしたが、これは企業側に発達障害のある人の長期的な育成視点がないことや、障害特性を活かしながら働く社員のロールモデルがないことが課題だと思います。

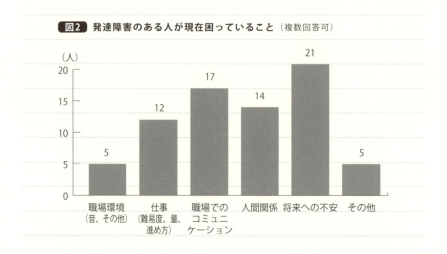

図2 発達障害のある人が現在困っていること（複数回答可）

　発達障害のある人の中でもキャリアアップ志向のある方は、①仕事と生活、その両面において自身の障害特性との折り合いをつけるためのより良い方法を見つけようとしている、②自身の特性を深く考え、周囲に理解してもらえるように努力し、自分が少しでも働きやすい環境づくりをしている、③知的好奇心が旺盛で学ぶ意欲が高く、メモを取る習慣がある、④苦手なコミュニケーションを補うための方法を見つけ、身につける努力をしている、等とても前向きな傾向があります。

　発達障害のある人のキャリアアップには、より上位の仕事をしていくための知識・スキル・経験、自分の特性にあった職場環境、ストレスのかからない生活環境などが必要なのはもちろんのこと、当事者にとって

は「仕事で評価される」ことが最も重要です。

　しかしながら、発達障害に限らず企業が求める障害特性がある人への役割期待は、休まずに出社する、与えられた業務をミスしない、というレベルのものが多く、実際の評価も厳しい内容であることは少なくありません。また、軽作業のように与えられる仕事が本人の能力からすると簡単で時間を持て余すものもあり、難易度の高い仕事を希望する方もいます。このように、企業は発達障害のある人に対して、キャリアアップを期待しているとは言い難い状況が見られ、双方のミスマッチを埋めるために、方策が必要と考えます。

目標による管理の重要性

　「目標による管理」は多くの企業で導入されており、本来は自主性や自己統制に基づいて目標を達成するという仕組みですが、実際には組織目標を個人目標に落とし込んで、それが毎期の個人評価に活用されています。言い換えると、目標管理シートは人事制度における評価を行うためのツールですから、「キャリアアップ＝評価されること」と捉えると、いい加減にしてはいけないものになります。

　しかしながら、発達障害のある人は、特性上、目標未達という事実のみ、あるいはできたことよりできなかったことに視点がいきがちで、自身の仕事ぶりを低く見積もってシートに記入する傾向があり、十分活用できていないと想像します。

　評価シートの効果的な書き方については、後述の「評価と処遇、目標管理シートの記入の方法—自身の成果を正しく伝える」（p.127）を参照ください。

✔ キャリアアップを考える当事者たちの声

以下、プロジェクト参加者の方たちから寄せられた声です。

- 「病気をコントロールできればいい、暮らしていけるだけの給料とゆるい会社でいいとこれまで思ってきたが、社会参加しない的な生き方がつまらなくなり、自分なりのチャレンジをしてみたい」

- 「障害者枠で働いているが、与えられた仕事にやりがいがない」

- 「学生時代に精神疾患を患ったことをきっかけにレールから外れてしまい、年相応のキャリアアップの機会を喪失してしまった」

- 「現在働いている処遇が悪く、少しでもスキルをつけて転職したい」

- 「パート→契約社員→正社員とステップアップしてきたが、現時点では収入面などを含めて将来のビジョンを描けずに悩んでいる」

- 「今後のビジョンをどう描くか、どうやってキャリアを形成していくか、そのためには今の勤め先で昇進を目指すか、より自分の能力を発揮できる場所を探すか、その何れでもない道を行くか、そういったことを考えられる機会がほしい」

- 「就職の時期が遅く、社会人としての基礎的なトレーニングを受けないまま働いている」

- 「上司等から年齢相応のスキルや能力が身についていないと叱責されることが多く、外部研修などを受けたが、定型発達の方による助言やノウハウは自分に合わないことが多く、発達障害の特性を踏まえた学びの場がほしい」

- 「自身と同じ発達障害の人がどのような働き方をしているのか、将来に向けて業務の幅の増やし方等、いろいろ勉強したい」

- 「さまざまな資格の取得や勉強をしているが、それらを活かせる業務になかなか就くことができない」

114

キャリアアップ創出プロジェクトの概要

　発達障害のある人のキャリアアップ創出プロジェクトは、3年次計画で 2017 年にスタートしました。初年度の参加者はゼロ期生としていますが、これは講座内容（プログラム）を一緒に作っていくという趣旨を込めています。

　発達障害のある人がキャリアアップするために、必要な知識とスキルを3年かけて身につけるという構成ですが、最終的には自分自身のレベルに応じて、必要な講座を必要な頻度で受講してもらえればいいと考えています。また、講座以外で知りたい知識やスキルの習得、仕事や生活の場面で困っていることの相談やその解決方法、参加メンバー同士の交流などのニーズに対応するために、学びのある居場所（MANABIYA カフェ）づくりや個別の相談（メンタリング）も行っています。

　このキャリアアップ創出プロジェクトでは、さまざまな学びや実践を通じて、自身で道を切り開く力を得ることを狙いとしています。

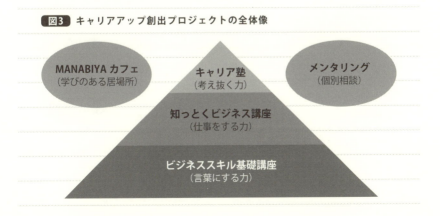

図3　キャリアアップ創出プロジェクトの全体像

✔ 知るステージ「ビジネススキル基礎講座」の目標

　講座は毎月 10 回シリーズで行いますが、初回と最終回ではそれぞれプレゼンの機会があり、その他にも事前に出された課題に対して、グループワーク形式での発表（任意）があります。グループワークの進め方、まとめ方、役割など、決め事は設けず、メンバーの自主性に基づいて「考え」「判断し」「決定する」実践の機会にもしています。

　この講座の目標は、「標準を知り、自身を知り、社会人として必要最低限の基礎力を知る・身につけることにチャレンジする」としており、まずは働くうえでの基本情報につながる知識の取得と、自身のことをさまざまなフレームワークを使って言語化するトレーニングを行います。

　自分の考えを伝える際には、主体的、具体的、肯定的な表現や言葉を使うことをプロジェクトでの重要な課題としています。

図4 ビジネススキル基礎講座の構成

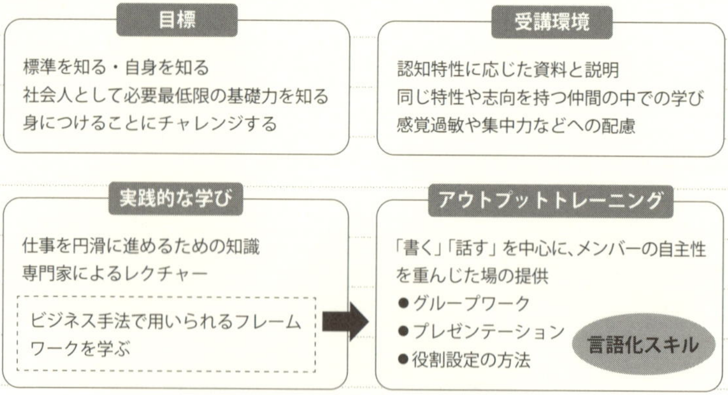

目標
標準を知る・自身を知る
社会人として必要最低限の基礎力を知る
身につけることにチャレンジする

受講環境
認知特性に応じた資料と説明
同じ特性や志向を持つ仲間の中での学び
感覚過敏や集中力などへの配慮

実践的な学び
仕事を円滑に進めるための知識
専門家によるレクチャー
ビジネス手法で用いられるフレームワークを学ぶ

アウトプットトレーニング
「書く」「話す」を中心に、メンバーの自主性を重んじた場の提供
● グループワーク
● プレゼンテーション
● 役割設定の方法
言語化スキル

【コンセプト】視覚的・主体的・具体的・肯定的

参加者の特性に配慮した受講環境

　プロジェクトに参加される方には事前に認知特性（視覚優位、聴覚優位、文字認識、図形認識）や、集中力、感覚過敏等に関するアンケートを行っています。アンケートの結果は受講環境づくりに活かしており、「光や音への配慮があり、受講しやすい」と、特性に配慮した環境づくりが好評を得ています。

　これまでプロジェクトに参加したメンバーの認知特性は、下図のように4分の3の方が視覚優位という内容で、発達障害のある人の一般的な傾向と同じ結果となっています。また、文字認識・図形認識のどちらが得意かについては、半々の結果となりました。

　実際の講座で使用する資料は特性に配慮した工夫を行っており、参加者は「視覚的なスライドが多く、とてもわかりやすい」と話しています。

　また、職場で遭遇している具体的な事例を題材として使用することで興味や関心をひく資料づくりを心がけており、抽象的な表現がわかりづらい、集中力が続かない、といった発達障害の特性に配慮したプログラム構成になっています。

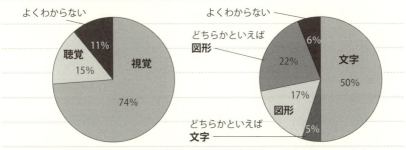

図5　プロジェクト参加者の認知特性

＜発達障害のある人のキャリアアップ創出プロジェクトゼロ期生・一期生事前アンケートより＞

講座の内容と年間スケジュール

「ビジネススキル基礎講座」は、毎回3時間、1回3コマの講義で構成しています。「仕事を円滑に進めるために知っておいたほうがよい知識」と「ビジネス手法で用いられるフレームワークを学ぶ」を基本講座として、4人の専門家による講話(レクチャー)を加えた内容となっています。

表1 年間スケジュール（例）

	講座内容
第1回	オリエンテーション
	障害者雇用を取り巻く環境
	3分間自己紹介「言葉にする力を身につける」
第2回	業種、職種、ジョブ・ディスクリプション（職務記述書）について
	広報業務の実際と見えてくる必要なスキル「伝えるフレームワークを身につける」
	目標を立てる「目標管理シートの役割を知る」
第3回	合理的配慮と働きやすさ～就業好事例から～
	キャリアをデザインするために大事なこと
	リスク管理の本質を知る「自身の周囲のリスクの見える化と対処法を身につける」
第4回	適性に合う仕事を考える
	合っている仕事とはどういうことなのか？
	プロジェクトマネジメント「P-D-C-A、段取り力を身につける」
第5回	相談するスキル
	マーケティング「自分の強みを言葉にしてみる」
第6回	できること苦手なことを整理する
	評価と処遇にいかす自己評価シートの記入の方法「自身の成果を正しく伝える」
第7回	クレーム対応、トラブルへの対応
	人事担当役員に聞く
	プレゼンテーションマネジメント「誰に対して何をどのようなかたちで伝えるかを実践する」
第8回	適切な表現について（1）
	障害者採用について
	クリティカルシンキング「そもそも力を身につける」
第9回	適切な表現について（2）
	ロジカルシンキング「情報整理のフレームワークを身につける」
第10回	1年間のまとめ発表

自分の伝え方

言葉にする力（言語化スキル）を身につける

　人とのコミュニケーションは言葉だけでなく服装、髪型、姿勢、身振り、手振り、視線、顔の表情、声のトーン、相手との距離など、そのすべてによって成立します。このような非言語コミュニケーションが苦手な発達障害のある人にとっては、言葉の持つ意味がとても重要であることは言うまでもありません。

　話したり書いたりするのは、考えていることをかたちにしたり記憶にとどめたりするために必要な行為ですが、仕事のうえで重要な報・連・相の質を高めるためにも、そのベースである「言葉にする力」をしっかり身につけることが重要です。

　しかしながら、発達障害のある人は、「話し出すと止まらない」「話し出すと何を伝えたいのか忘れてしまう」「言っていることがわからないと言われる」「話をうまく組み立てることができない」「話につまると言葉が出てこない」ということが多く、言葉にする力（言語化スキル）は共通の課題となっています。

　キャリアアップ創出プロジェクトでは、「言葉にする力（言語化スキル）」を、①頭の中にあることをアウトプット（書く・話す）すること、②わかりやすい内容にすること（構造化）、③相手にあった（相手が理解できる）言葉を使うこと、と定義しています。料理に例えてみると、図6のようになります。このうち、ビジネススキル基礎講座では、わかりやすく書く・話すための②「話の内容を構造化するスキルの取得」を

目指し、実際にビジネスの現場で使われているフレームワークを活用して課題に取り組んでいます。

図6 「言葉にする力（言語化スキル）」とは？

材　　料	頭の中にあること
下ごしらえ	アウトプットする（書く・話す）
メニュー作り	わかりやすい内容にする（構造化）
好みにあわせる	相手にあった（相手が理解できる）言葉を使う

参加者が行っている「言葉にする力」の実践

　ビジネススキル基礎講座では、「言葉にする力（言語化スキル）」を高めるために知識を学んだり、トレーニングを行ったりします。参加者は講座で学んだことを仕事だけでなく、日常のさまざまな場面で実践しているようです。

　参加者からは「自身の考えや得意なことを整理して書くために、ブログやツイッターを始めた」とか、「今まで、フェイスブック等でとりとめのない文章を思いついたままに書いていたが、まとまりのある文章を意識して、書き方を工夫している」等の報告が寄せられています。

　発達障害のある人の中には、対面でのコミュニケーションが苦手という人がいます。メールや LINE など、インターネットのコミュニケーションツールを、「言葉にする力」獲得のためのトレーニングに使うという実践方法は、彼らの特性に合っているようです。

　また、「言葉にする力：③相手にあった（相手が理解できる）言葉を

使う」の実践としては、定型発達の人が中心のコミュニティに参加して、定型発達の人のように自身を演じながら、他者を観察して学んでいるメンバーもいます。なかには社会実験と称し、女子会に積極的に参加することで、参加者同士のやりとりを観察・分析し、自身のデータベースにしている強者もいます。以下、実際の様子をご紹介します。

　ある当事者の方は、仮説を立て女子会に臨んでいるそうです。仮説を立てられるようになったのには、雑談スキルを高める、ASD の人のコミュニケーション力を高める、といった内容の本を読んだことが役に立ったと話します。例えば、仮説「会話の中ですぐに答えを出すことを目的とせず、会話のキャッチボールを目的にするとうまくいく」では、ランチのお店をどこにするか、日にちはいつにするかという発言の場面で、発達障害の特性から、すぐに「○○が良い」と言ってしまうのではなく、全員が集まりやすい日にちや場所を「そうですね、いつにしましょうか？」などと人にふり、会話をコロコロ転がして決めることを目的にすると場がスムーズに行くというのを体感しているそうです。

　このような「言葉にする力」の実践を繰り返す中で、相手の良い所を見つけて伝えたり、相手の意見を常に前向きに受け止めたりするなど、肯定的なコミュニケーションによって関係性がよくなることを実感しているようです。

　その他、生活の中で心がときめいたり、わくわくしたりするようなテーマで LINE やメールのやりとりをすることが、一番効果があると話す参加者もいます。「面白い」「好き」「ドキドキする」といった興味や好意、関心が高く、自発的に行う行動は、脳の活性につながると言われています。周囲に迷惑をかけたり、誤解を招くようなことでなければ、大いに実践してみるのもいいのではないでしょうか。

第 4 章　キャリアアップ創出プロジェクト

ビジネスに必要な「言葉にする力」を学ぶ

ビジネス手法で用いられるフレームワークを学ぶ

　ビジネスの中で用いられるさまざまなフレームワークを題材に、仕事に必要な「言葉にする力：②（話したいこと／書きたいことを）わかりやすい内容にする（構造化）技術」を身につけるための実践を行います。

　最初の講義では、参加者に3分間の自己紹介をしてもらいます。その中で、自身がなぜこのプロジェクトに参加したのか、何を期待しているのか（チャレンジしたいのか、身につけたいのか）を言葉にし、目的や目標を明確にする機会とします。一人ひとりが話す、障害特性との向き合い方や講座参加への想い、高い向上心、人前で話すときの表情や姿勢、その真剣な様子が参加者同士の間で共感を呼び、また刺激にもなっているようです。以下に挙げるビジネススキル基礎講座参加者の感想からも、その様子がわかります。

- 「他の参加者の想いを聞いて、やる気を肌で感じた。意欲が高まり、身が引き締まる」
- 「苦手な発表を実践する機会はありがたい」
- 「プレゼンテーションの仕方も千差万別、悩みや特性も千差万別、でも共感する悩みも多いことを実感した」

　そして、初回の講義で参加者が自己紹介として話した「自分のこと（内容、構成、話し方、表情などを含む）」はその後、講座での学びを通じて、それぞれのペースで進化していきます。

　次項より、ビジネススキル基礎講座全10回の講義（**図7**）で、実際

に行っている課題のいくつかをご紹介します。

図7 「自分のこと」をビジネス手法で言葉にする

- 3分間自己紹介
- プレスリリースの書き方
- リスクマネジメント
- マーケティング手法
- プレゼンテーション
- 目標シートの書き方
- クリティカルシンキング
- ロジカルシンキング
- 1年間のまとめ

「学び」を通じて進化させる

広報業務の実際と必要なスキル
── 伝えるフレームワークを身につける

　広報業務は、さまざまな媒体を通じてステークホルダー（関係者）に情報を伝える仕事です。ここでは、広報におけるプレスリリースのフレームワークを活用して、自身のことを伝えるワークを行います。

　プレスリリースとは、企業や団体による新聞社やテレビ局などの報道機関に向けた情報の提供・告知・発表のことを言います。プレスリリースは4つのパラグラフで構成されており、短時間で読み手に情報を伝えるのに最適なフレームワークと言えます。日本の古くからの文章作法である起承転結のスタイルとは異なり、はじめに伝えたいことの要約を書き、次にそれを解説する事実、そしてそれによって何が変わるのか、また、どのような恩恵がもたらされるのかといった趣旨の文章が続き、最後に発信者の紹介やメッセージが入る、という構成が一般的です（図8）。結論からの書き出しはよくあるスタイルですが、成果や書き手の姿勢を添えることで、情報の受け手に好印象を与える要素が加味される

ことになります。

　また、プレスリリースの最適な文字数は 600 文字程度と言われていますので、 2 分間（ 1 分間に話す文字数が 300 文字）で伝えたいことをまとめる練習にもなります。

図8 プレスリリースのフレームワーク

タイトル	伝えたいことを一言でいえば

4 つのパラグラフの構成内容

要約	伝えたいことの要約〈結論〉
具体的内容	伝えたい詳細・事実
予見成果	そのことによってもたらせること
想い・姿勢	そのことに取り組む姿勢や自身の想い

リスク管理の本質を知る
―自身の周囲のリスクの見える化と対処法を身につける

　ビジネススキル基礎講座では、ビジネスの場面でのリスクマネジメントや危機管理に対する考え方を自分ごとに置き換え、発達障害のある人が自身の困りごとを "リスク／危機" として理解する機会にしています。突発的なことへの対処が苦手だったり、不注意からミスをすることの多い発達障害のある人にとって、日常のさまざまな場面でリスクマネジメントを実践することの意味はとても大きいと感じています。

　講座では仕事や生活の中で想定されるリスクを洗い出し、対応方法を考えるワークを行います。具体的には、自分が朝起きてから通勤する間、

そして職場での場面を想定し、自分自身に負の影響を与える可能性がある人や環境を列挙します。そして、実際に対処していることや対処に悩んでいることを参加者同士で話し合い、それぞれの課題を共有したり、アドバイスを受ける機会にしています。

　発達障害のある人は、失敗したり叱られたりしたことは覚えていても、どうして失敗したのか何が問題だったのか具体的なことは忘れてしまう傾向があります。ミスをしたときには、５Ｗ１Ｈでできるだけ具体的にその内容を書きとどめておくことが再発防止のための記録となります。これがリスクの「見える化」です。言葉にすることが、ミスをしたとき、失敗したときの感情（記憶）を事実（記録）に置き換え、また、自分自身に起きたことを客観的に確認し受容する作業になります。

　ここで重要なのは、ミスや失敗を肯定的に捉える視点です。特に業務報告書や評価シートに記述する際は、その内容が人事考課につながるということを忘れないようにしましょう。

　例えば、業務目標として「担当業務のミスを減らし、仕事の効率を高める」と掲げていたものの、実際にはミスがそれほど減らなかった場合、「○○についてミスが多く上司から叱られた。今後は頑張って少なくしたい」とするよりも、「○○についてミスをしたが、この原因は△△にあることがわかり、□□の対策をすることで、今後はミスを減らすことができる」と書くことで印象が変わります（p.128 表2参照）。

　つまり、失敗したことの反省や抽象的な表現で記述するのではなく、リスクマネジメントの視点で肯定的に書けばいいのです。失敗をしても肯定的に捉え、５Ｗ１Ｈでできるだけ具体的な記録をとる習慣を身につけましょう。

第４章　キャリアアップ創出プロジェクト

マーケティング―自分の強みを言葉にしてみる

　マーケティングとは、通常は消費者側のニーズと、サービスや製品／商品を販売する企業の意図を連関させるための情報収集手段を指し、その手法は、業界を問わず多くのビジネスの現場で標準的に取り入れられています。

　ビジネススキル基礎講座ではSWOT（スウォット）分析、３C分析などの分析手法を活用して、自分自身の価値を言葉にするというワークを行います。仕事をするうえで自分にはどのような強み（弱み）があるのか、どんな分野が向いているのか、競合するのはどのタイプか、チャンスはあるのか、脅威は何かなどを考える機会にしています。

　身近なものやコトに対して、マーケティング分析を行う習慣を身につけると、ものの見方が変わり、社会への興味や関心が拡がります。マーケティングの仕事は、発達障害のある人にとって、視野を広げ特性の強みを活かせる職業の一つだと思います。ユニークな発想力や他者とは違った視点、興味・関心対象への熱心さや過集中、細部に及ぶこだわり等、発達障害のある人の特性はマーケティングに必要なスキルでもあります。

　ただ、マーケティングには発達障害のある人の多くが苦手とする社内調整力も必要です。当講座の参加者の中にも、マーケティングリサーチを仕事にしている方がいましたが、ものごとの本質を見極めたり、全体を見渡したりする力であるコンセプチュアルスキルが足りないのが課題と話していました。コンセプチュアルスキルについての詳細は、後述の「活かす・攻めるステージ『キャリア塾』」（p.137）を参照ください。

評価と処遇、目標管理シートの記入の方法
―自身の成果を正しく伝える

　目標管理シートを活用した毎月・3ヶ月・半年などの節目での面談は、日々の業務の中での「報・連・相」が苦手で上司に自身の仕事ぶりを上手く伝えられない人にとっては、業務目標の進捗だけでなく、業務に取り組む姿勢や自身が描くキャリアデザインなどを知ってもらう機会でもあります。自分自身のできていること、できていなくても前向きに取り組んでいること、何ができていなくてそのために何をしているのか、できない理由等、日々の仕事の中で周囲からは何をしているのか、何を考えているのかわからない存在に見えていたとしても、面談の場できちんと考えて行動していることを伝えることができます。

　目標による管理は、①自身のマネジメントツール（自身が最終的にどういう結果を得るのか、どこまでやるのか）、②コミュニケーションツール（自身の仕事の取り組みや考え方、業務の進捗等を上司や会社に伝える機会）、③評価・処遇・キャリアチェンジにつながるツールとして活用できますが、「評価と処遇」は、もっとも重要で関心のあるテーマの一つです。

　ビジネススキル基礎講座では、人事制度における評価や処遇の関係性、人事考課の仕組みについて具体的な事例を用いて説明します。

　人事評価がどのように行われ、給与や賞与といった処遇にどう反映されるのか、それが理解できると目標による業務管理の重要性を実感するようです。

　実際に目標管理シートに記入する際には、部分的にでもできていることなど小さな成果も可視化することで、できない自分ではなく、次はできると感じさせる文章を書くことが大切です。

第4章　キャリアアップ創出プロジェクト

表2 目標管理シートの記入例

× できない自分	〇 次はできると感じさせる文章
● ○○のイベントを実行することができなかった。	● ○○実施の方法を知ることができたので、次は実践したい。
● 目標が達成できなかった。	● 目標達成には至らなかったが、△△のうち○○ができるようになった。 ● 以前よりできるようになった。 ● ○○の場面ではできるようになった。
● マニュアル通りに仕事を行うことができなかった。	● マニュアルがよく理解できなかったので、自分用のマニュアルを作成した。

図9 評価シートの書き方

- 階段を上がっている印象を与える
- いずれできるという文脈で書く
- 主体的であること
- 前向きな表現
- 周囲に期待することは後半に書く

🦅 ロジカルシンキング―情報整理のフレームワークを身につける

　ロジカルシンキング（論理的思考）は、ビジネスの現場で土台となるスキルです。企画書や報告書を書く、プレゼンをする、会議でファシリテーションをするなど、さまざまな場面で必要になります。当講座では、ピラミッドストラクチャーのフレームワーク、結論（学んだこと）、理由（なぜそうなったのか）、事実（その根拠）を用いて発表するための資料作成のワークを行います。

論理的思考の説明にあたって、参加者からは「神経心理ピラミッド」（図10）に高い関心が寄せられました。論理的な思考を行うためには、それを支える記憶や遂行機能、さらにはより下位の情報処理や注意、集中力などがある程度保たれていることの必要性を説明するもので、もともと高次脳機能のリハビリテーションにおいて用いられる概念です。発達障害のある人の中には、神経疲労に悩まされる方が多く、そのことが日々のパフォーマンスに影響することを視覚的に理解できたようです。

図10 神経心理ピラミッド

出典：立神粧子「『脳損傷者通院プログラム』における前頭葉障害の定義（後編）」『総合リハビリテーション』2006年6月号より引用改変。

　例えば、いつものように業務が処理できないとき、その原因は必ずしも遂行機能によるものだけではありません。易疲労性が影響して意識が活性化せず、自発性や意欲の低下から集中力・注意力が散漫となり、結果として仕事ができないといった場合があります。
　ロジカルシンキングができる状態を維持するためにも、生活を整えて精神的に良好な状態を保つことが必要ということになります。

グループワークを主体としたアウトプットトレーニング

当講座では、その日に学ぶビジネスフレームワークを活用し、「自分のこと」を言葉にする、という発表をグループワークの中で行います。

ただ、特性上の得手不得手に配慮し、発表は任意です。一律的な対応とはせず、自分のペースで参加できることを大切にしています。グループワークの進行役、書記やとりまとめ役はメンバーの自主性に任せ、選出します。特別なことをしているわけではありませんが、さまざまなビジネスの手法を使い「自分のこと」を、自分のペースで考える・書く・話す、を繰り返し行っています。

発達障害のある人の中には、グループワークが苦手な人が多い印象がありますが、特性を理解してくれる仲間に囲まれた環境であれば、無理のないペースで自身の認知特性に応じたコミュニケーションが行えるため、さほど問題もないようです。

また、人前で話すのは苦手、話すことができても上手く話せない、という方も多いですが、ほとんどのメンバーが話す機会を積極的に希望していることも特徴的です。グループワークの中で役割分担を決める際も、お互いに顔を見合わせ沈黙してしまうようなこともなく、スムーズに決めることができています。

定型発達の人の多い職場では、発達障害のある人は発言をせずに大人しくしている様子をよく聞きますが、当講座のグループワークでは、参加者の積極的な発言や穏やかな笑顔、自ら考え他者への配慮を忘れず行動する姿は珍しくありません。彼ら、彼女たちの隠れたポテンシャルの高さに毎回、驚くばかりです。発達障害のある人は、安心できる環境さえ調えば、能力に応じたパフォーマンスを発揮できる人たちなのだと感じています。

ビジネススキル基礎講座を振り返って

 プロジェクト1年目を終えて

　ビジネススキル基礎講座の最終講義では、参加者各人がプロジェクト1年目の目標、「標準を知る、自身の特性を知る」「言語化スキルの獲得」に対する自己評価を発表します。発表資料の作成にあたっては、初回の講義で述べたプロジェクトへの参加理由を再定義し、1年間を通じ本講座に参加したという事実の言語化として、「学びになったこと」「印象に残ったこと」「仕事に活かせたもの／活かそうとしたが上手くいかなかったこと／今後活かしたいこと」を箇条書きにして発表します。

　当日は、わかりやすく簡潔に情報を整理したうえで、フレームワークを意識した内容のプレゼンテーションができていました。それに加えて参加者一人ひとりの個性が表現された資料や話し方は、初回の講義で行った3分間自己紹介と比較して、進歩を感じさせるものでした。改めて発達障害のある人には、枠にはめこまず主体性を尊重した自由度のある環境が適していることがわかりました。

　また、1年にわたり自身の仕事やプライベートの予定を調整し、毎月の講座に参加し続けることは簡単なことではありません。発達障害のある人は集団での集まりに参加するのが苦手で、休日は休養したいというタイプの人が多い中、週末の研修に参加して、自分なりの達成感を得るように準備しておくには、日頃からの時間や体調管理などの環境調整がこれまで以上に必要となります。毎月の連続講座への参加をやり遂げたことは、個人差はありますがマネジメントスキルを身につける機会にも

なったようです。

✔ 参加メンバーの変化は自己効力感の高まり

　本プロジェクト参加者に見られた変化で共通するのは、自己効力感の高まりでした。次の目標を立てたり、資格取得にチャレンジしたりするなど、将来に向けてその人なりの行動変容がありました。

　参加者の一人は、プロジェクトに参加した当初は、休日はベッドから起きない、何もしない、というように必要なこと以外はやる気が起きず、本プロジェクトを欠席することもありました。また、集中できない、何から取り組めばいいのかわからないということで、物事を進めるのが遅い傾向にありました。しかしながら、プロジェクトを終える頃には、時間を忘れて仕事に没頭したり、自己啓発として資格取得にチャレンジするなど、以前に比べて仕事に対する意欲が出てきたようです。まだまだ前向きな状態が長く続くというわけではないものの、調子のいいときは4000文字の論文課題を3時間でこなしたり、スライド作成も短時間でできるようになったと話しています。

　こうした変化の理由は、プロジェクト参加によって参加メンバーから刺激を受けたり、参加者同士の交流の場であるMANABIYAカフェでの学びから知的好奇心が高まり、学習意欲やモチベーションのアップにつながったことにあるようです。また、実際の仕事でもビジネススキル基礎講座で学んだフレームワークを応用し、自身を取り巻く環境を客観視するために文字に起こし、「見える化」する習慣が身についたと話します。

　現在、彼は新規事業に取り組む仕事をしているようです。調子の波があり悪戦苦闘している様子ですが、「次の課題は対人スキルです」と話しています。友人との会話は問題ないのに、仕事やかしこまった場面だ

と緊張してうまく話せない場面緘黙の傾向があるようです。彼のように、発達障害のある人の中には場面緘黙を持つ人は意外に多い印象がありますが、対処方法については情報が少なく、今後の本プロジェクトでの課題としています。彼のキャリアアップへの道はまだ始まったばかりですが、足跡がきちんと残せるよう一緒に考えながら応援していきたいと思います。

　以下、ビジネススキル基礎講座に参加された方の声をご紹介します。

- 「自身の障害特性を客観的に見ることができ、具体的な対処法について学ぶことができた」

- 「配慮を求めることも大事であるが、いかにして対処・改善していくべきかを、自分でも考えることが大事だと認識した」

- 「当たり前だと思っていたことを、習慣化するように心がけるようになった」

- 「自分の弱みと向き合える（自分を知る）きっかけになっている」

- 「障害者を取り巻く現状や、自分自身が知らないさまざまな現状を知ることができた」

- 「発達障害に限ることなく、いろいろな問題に目が向くようになった」

- 「定期的に知的刺激を受けることで、やる気（仕事へのモチベーション）につながっていると感じる」

- 「話しかける前にメモを書き、頭で整理してから話すようになった」

- 「人と接する大切さが改めてわかった。体験するのが嫌だからといって、ネットに頼るだけでは自分の強みを見つけられないと思った」

- 「プロジェクトマネジメントにおいて、報告書の内容を先に考えてから、実行するという考え方は新鮮だった」

- 「今まで自分が何をしてきたかの振り返りに、PDCA サイクルを活用するという考え方には目からうろこが落ちた」

第 4 章　キャリアアップ創出プロジェクト

- 「書く力、読む力をつけるために、はじめにどういう視点で書かれているかを汲むことに加え、出口（相手の意図）が認識できていると内容が頭に入りやすいという視点が参考になった」
- 「上司の性格や行動パターンを分析するのも仕事と考えると、周囲に関心を持つことができた」
- 「イベントなどの仕事が苦手だったが、全体の流れや段取りの仕組みを学んだことで、前向きに取り組むことができた」
- 「自分の仕事や自己PRを、マーケティングとして捉える発想は目からうろこだった」
- 「プロジェクトに参加することで、毎回、知識が増えること、気づきや視野が拡大することを楽しみにしている」
- 「適性に合う仕事の事例を見る中で、自分の特性と実際の仕事の関係を再確認できた」
- 「報・連・相の意味について、意外に細部を理解できていなかったことに気づいた」
- 「担当業務について事実の報告だけでなく、自分なりの考察や分析をまとめ、次に向けて提案をすることが評価につながるということを日常業務に活かしていきたい」
- 「リスクマネジメントを考えるときに、実際にリスクを書きだしてみて可視化することにより、客観的に状況を把握し、効果的な対処法を考えられると感じた」
- 「人事考課の仕組みの詳しい解説は興味深く、今後は目標と評価反映を意識して、人事評価シートへの記述をしていきたい」
- 「プレゼンテーションマネジメントでは、自分の特性にあった話し方の重要性を痛感した」

障害特性を活かして働く

創るステージ「知っとくビジネス講座」

　キャリアアップ創出プロジェクト、第2ステージ（p.115 図3）です。このステージでは、「自分たちの得意な能力に気づき、それを活かすための土台をつくることにチャレンジする」をテーマに、働く際のベースになる「就業規則や人事制度」「契約関係」「会計」「知的財産」の4つの講座を受講していただきます。

図11　「知っとくビジネス講座」で取り上げるテーマ

- 人事制度のしくみ、就業規則と労働基準法入門─自身を守るために働くうえでの必要な知識
- 契約書の見方─雇用契約、業務委託契約を中心に
- 財務諸表の見方─企業の場合、個人事業主の場合
- 知的財産入門─商標と著作権を中心に

　発達障害のある人が苦手な体系的な学びではなく、自分を守るために知っておくべきルールは何か、そもそも契約書はなぜ必要なのか等、本質的なところや、身近な事例など興味関心のありそうなテーマを取り上げ、最終的には全体像にたどり着くというように、発達障害の特性に合ったアプローチを行います。また、具体的、視覚的な資料を用いることで理解度を深める工夫も行っています。

自身の障害特性を強みに変える

　発達障害のある人に向いている仕事とはなんでしょうか。例えば、自閉症スペクトラム（ASD）の人は、同じような作業を繰り返すタイプの業務に適している言われています。しかしながら、海外では、自閉症スペクトラムの人がコンサルタントや顧客サポートなど、社交術を必要とする業務をこなしているケースも報告されています。

　キャリアアップを志向する人たちがやりたい「仕事」というのは、単純なルーティン作業のようなものではありません。障害特性から人と接するのが苦手であっても、俯瞰してみたり、その役割を演じることでコミュニケーションが可能になるケースがあります。

　自閉症スペクトラムや注意欠如多動症（ADHD）の人の障害特性を強みに読み替えると、常識にとらわれず他者とは違った視点で見る・考える、納得したことは最後までやり遂げる、自身の想いがぶれない、パターン認識が強い、興味関心のあるものへの集中力が高い、積極性、活動性、独創性が顕著、ということになります。

　これらの強みを活かして社会的に成功している方がいるように、キャリアアップを志向する方の中にも、自身の特性を強みに変えて、パフォーマンスの高い仕事をしている人がいます。例えば、計画的に仕事を進めることが苦手で衝動性と多動性の特性がある人が、まな板におかれる食材を次々にさばくような仕事の仕方で、興味関心のあることから着手して、飽きたら次というように膨大な業務をこなしている事例があります。

　何の職業に向いているのかではなく、どのような仕事の仕方が特性の強みを活かせるかを視点に、ご自身の仕事について考えてみてはいかがでしょうか。

✓ 活かす・攻めるステージ「キャリア塾」

　得意な能力を活かす仕事にチャレンジする。そのための「考え抜く力」を身につけるのがキャリアアップ創出プロジェクトの第3ステージ、「キャリア塾」の重要テーマです。

　プロジェクトでは「考え抜く力」を、①課題発見力（現状を分析し、目的や課題を明らかにする）、②計画力（課題に向けた解決プロセスを明らかにし準備する）、③創造力（新しい価値を生み出す）として定義していますが、講座での学びを通じ、結果としてコンセプチュアルスキル（俯瞰する、構造化する、概念化する能力）やマネジメントスキル（目標を持つ、時間軸を持つ、全体像を持つ意識、等）を身につけることを狙いとしています。

　キャリア塾では、発達障害のある人の苦手な理論を「学ぶ」のではなく、身近にある具体的なテーマ用いて深く考えるワークを行い、理論を「体感する」ことに主眼を置いています。

　事例を紹介すると、発達女子（発達障害のある女性）が好む商品やサービスは何か、参加者の商品価値（強み、弱み、など）をマーケティングの視点で分析する、ということをテーマにディスカッションを行ったりしています。発達障害の特性で言葉が出にくかったり、もともとの問いかけを忘れてしまったり、話のテーマから脱線したりすることが多いので、参加者の特性に合わせ、ホワイトボードやディスプレイモニターを使用し、情報サポートをしながら対応します。黙ってしまったり、しどろもどろになったり、答えに窮することもありますが、参加者たちは考えることが楽しいと感じているようです。

　また、話すときには「主体的」「具体的」「肯定的」な言葉を使うことをルールにしています。例えば「発達障害のある人はスポーツ観戦に興

味がない」という発言はNGです。「発達障害のある人は、多くの人が集まる騒がしい場所が苦手で、じっとできない特性があるため、スポーツ観戦に興味がない人が多い」と話さなければいけません。また、参加者の発言に対して応答を返すときも、相手の言葉に疑問を持ったり、間違っていると感じても、肯定的な言い方をしなければなりません。発達障害のある人にありがちな、思うまま、感じるままに話すのではなく、一呼吸おき、頭の中で整理してから言葉にすることを習慣化します。

さらに、目の前のことに注意が向いてしまい、そのことにこだわる特性はなかなか変えることはできません。そのため、当事者が苦手な「時間軸」でものを考えるということも重要な課題としています。例えば、メディア媒体で報道されるさまざまな事件に対して、ただ驚き悲しむのではなく、なぜこういうことが起きているのか、これにより世の中はどう変化していくのか、と考える習慣を身につけます。次はどうなるのか、という時間軸をもつことが、俯瞰してものを見ることにつながります。

物事を俯瞰してみる力は、感情の影響を抑える効果があるので、発達障害のある人の中でも神経疲労しやすい特性の方にとっては、自身を守り社会適合していくためにも必要なスキルです。

図12 コンセプチュアルスキル（概念化脳力）

- 分析力
- 創造力
- 問題発見
- 解決能力
- 戦略立案能力など

漠然としたものを概念化・言語化し、物事の本質を見極めていく能力

プロジェクトを補完するアプローチ

✔ 学びのある居場所「MANABIYA カフェ」

　キャリアアップを目指す人のために「MANABIYA カフェ」という名の学びのある居場所を月に 2 ～ 3 回開催しています。これは、プロジェクトを進めていく中で、参加者から「ビジネスマナーを知りたい」という要望が寄せられ、ビジネススキルのプチ学びをテーマにスタートしたものです。

　回を重ねる中で、MANABIYA カフェが、仕事に直結する知的欲求、知的刺激につながる情報提供の場として機能し、それにより参加者の課題解決がなされることが満足度につながっていることがわかりました。MANABIYA カフェでこれまで取り上げてきたテーマは、「発達障害のある人の職場での悩みあれこれ」「職場でのコミュニケーション～理解しづらい、上手く伝えられない～」「仕事や生活における思考、言動、行動から見える自分の脳のクセを考える」「肯定的な思考を身につける」などです。

　また、MANABIYA カフェには日々の仕事の中で体験した失敗や成功を共感できる仲間がいるため、追い詰められた社会人の駆け込み寺と称する参加者もいます。職場の人間関係を良くする方法や効率的な仕事のやり方など、本にも書かれていないようなさまざまな実践やその試行錯誤の様子をリアルに知ることができるため、参加者にとって大いに刺激になっているようです。

　運営する際には、楽しさと学びがある良質な場づくりになるよう、参

加する人に寄り添う気持ちを大切にしています。お互いを受容しあい、肯定し、実践してきた経験を押し付けずに伝える、といった光景を見る中で、MANABIYA カフェは、自発的な行動のきっかけや、暗黙知になっている個々の取り組みを形式知化する（言葉にする）場所であり、ときに休むために気軽に立ち寄れる居場所になっていると言えます。

　開催日は場所の都合で参加しづらい月曜日の夜ですが、「ここに来るために月曜日は早めに出社して、メールチェックやその週の仕事の把握と当日の仕事の段取りをするようにしています」と話す参加者もいて、仕事に良い影響を与える効果もあるようです。

✔ 個別相談「メンタリング」

　学び残している社会人基礎力（標準的な知識やスキル）等は集団的なアプローチで充足していくことができますが、実際の仕事において抱えている課題は業種や職種、経験によって異なり、個別に対応する必要があることがわかりました。

　業務上の課題については、その原因を一緒に考え、適切な対処法を導き出すアドバイスやそのために必要なスキルなどを伝えます。また、発達障害のある人は、特性や生活面での問題が仕事や仕事を遂行するうえでの障壁になっているケースが多く、生活習慣をはじめとした当事者がかかえる事情を丁寧に見るようにしています。

　個々に向き合うときのスタンスは、仕事の解決方法を教えるというより、自身で解決するための意欲や自発的な成長につながるアドバイスを心がけています。コーチングというよりメンタリングに近いものかもしれません。

　実際の相談内容としては、新規導入システム関係部門間の調整方法

や、プロジェクトリーダーとしての役割発揮の仕方、マーケティングリサーチの方法についてなど、専門性の高い内容も含まれます。適切な対応を行うためには、被相談者（メンター）の豊富なビジネス経験に加えて、当事者の特性理解と、的確なアドバイスのためのスキルが必要です。今後は、キャリアアップ志向の方がますます増えていく傾向にありますので、長年ビジネスに携わった経験のある方が発達障害の支援に関わってくれることを願っています。

また、メンタリングを行う際には、相手の認知特性にあったコミュニケーション方法を選ばなくてはなりません。直接対面するだけではなく、スカイプ等でインターネットを通じて音声や映像を活用する場合もあれば、対面が苦手な言語優位の特性を持つ方には、LINE やメッセンジャー等の SNS ツールを活用し、チャット形式での対話を行うこともあります。

チャットを活用したテキストコミュニケーションが効果的

チャットアプリである LINE を使ったテキストコミュニケーションを用いて、個別相談（メンタリング）を行うことがあります。発達障害のある人にとって、とても有効な方法であると感じています。対面相談の場合は、こちらからの質問に答えられなかったり、言葉が出るまでに時間がかかったり、話しているうちに脱線したり、相談の本質にたどり着くまでに時間がかかります。

相手の表情を見ると委縮してしまったり、場面緘黙の傾向があったり、視覚優位や言語優位の方が多い発達障害のある人の中には、聴覚情報が中心の対面でのコミュニケーションが苦手な人が多い印象を持ちます。LINE を使ったテキストコミュニケーションに変えると、別人かと

第 4 章 キャリアアップ創出プロジェクト 141

感じる人も少なくありません。テキストコミュニケーションの場合は、相手の表情を気にせず、自分のペースで行うことができ、また文字の履歴が残るため、何を話していたのかを後から確認することができます。こうした特徴が、発達障害のある人にとって使いやすいコミュニケーションツールである理由となっています。

　また、テキストコミュニケーションを活用したメンタリングでは「共感」を大切にしています。仕事だけでなく、何気ない日常の対話で出てくる言葉にも、「わかる」と共感を表す言葉を添えます。質問をするときにも、被相談者（メンター）の思い込みを排除するために、ところどころで「それってこういうことですか？」と質問を繰り返し、確認と整理を何度も行います。否定しない、決めつけない、命令しない、受け入れる、肯定することを大切にしています。仕事や生活が上手くいかず、相談のスタート時に「もう人生に疲れました」とつぶやくケースも多いのですが、テキストで整理しながら言葉にしていくと、心の落ち着きが見られます。最後は明日から頑張ろうと前向きな雰囲気で笑顔を感じられるようなクロージングを行います。

　実際の相談は、単発ではなく継続して行うことが多いのですが、やりとりをする中で、語彙力、相手に話を理解してもらうための表現の工夫、言葉の整理の仕方、言葉が出るまでの時間、言葉の具体性、肯定的な表現など、自分の想いを言語化するための力が向上していくのを実感します。

キャリアアップを目指す発達女子たち

　「女性活躍」と言われて久しいですが、キャリアアップを目指す発達障害のある女性は増えています。このキャリアアップ創出プロジェクト

や MANABIYA カフェには多くの女性が参加しています。発達障害のある人の男女比は「男 2.4：女 1」（文科省調査，2012）と男性が多いことを考えると、発達障害のある女性は、意欲が高く、いろんなことに積極的にチャレンジする傾向があると言えます。講座で行うグループワークでも、女性の方がまとめ役になるケースも少なくありません。

発達障害のある女性の共通の悩みは、職場での女子トークだと言います。女性同士の会話は皮肉や比喩のような感覚的な言葉、その場にいない人の悪口、ころころと変わる話題……というように、発達障害の女性にとっては苦手なことのオンパレードで、とても疲れてしまうようです。企業の中での女性の役割期待として、場づくりや業務補助という考え方がまだまだ残る中、気配りが苦手な発達障害のある女性が仕事だけで評価されるには、人一倍努力しなければならないかもしれません。

また、結婚や出産を思い描く女性もいる中、障害を抱えながらの仕事と家庭の両立は難しいとの指摘もありますが、結婚して子どもを持ち、親の介護にも直面しながら、長期の入院のどん底から生還し、復職してキャリアアップを目指すところまで辿りついた女性がいます。彼女が病気を得て、深く思い至ったこと、それは「社会に貢献したい」ということだったそうです。在宅療養中、「社会貢献していない」とこぼす彼女に、知人は「すでに子どもたち二人の母、妻、主婦であることが立派な社会貢献じゃないか」と声をかけたそうです。それは立派なことであるけれど、でも何か物足りない。彼女は、仕事を続けることが、自分にとって生きる意味ではないかと感じていると話してくれました。

キャリアアップの意味や目指すゴールは人それぞれ異なりますが、踏み出す一歩が少しでも楽になるように、このプロジェクトが心の支えになればと思います。

第 4 章 キャリアアップ創出プロジェクト

いろいろなことを抱えてのキャリアアップ

　発達障害のある人は、二次障害として双極性障害や不安障害などの精神障害を抱えている場合が多く、薬で精神症状をコントロールしながら仕事や生活をマネジメントしていく大変さを抱えています。プロジェクト参加メンバーの日々の取り組みを聞く中で、キャリアアップのためには、薬物療法に関する知識を深め、主治医と上手く対話できるだけの信頼関係を築き、日々の状態を安定させることが必要と感じます。

　また、他の病気を患っていたり親の介護をしていたり、仕事や生活が上手くいかない原因が障害特性によるものだけではないケースにも遭遇します。プロジェクト参加者の一人で、性的マイノリティの方がいます。もともと仕事人間で頑張り過ぎる性格であったことに加え、家族や職場の問題から体調を崩し入院することになりました。そこではじめて自身の発達障害と向き合うことになり、その過程で自身の性的志向についても自覚したそうです。

　彼女は、職場にも発達障害の当事者会にも居場所がなかったと話します。MANABIYA カフェを訪れ、向上心を持ってこの世界で頑張ろうとしている人たちに出会ったことをきっかけに、彼ら／彼女らからの刺激を受けて自分自身も前向きに生きていこうとプロジェクトへの参加を決意したそうです。そして、孤独から解放され、向上したいと思ったとき、はじめて性的マイノリティの一人であることを受容できたと言います。心身が充実して初めて、自分に向き合うことができたと。発達障害がなく、この生きづらさや困難を抱えていなければ、自身のセクシャリティに即したもっと別の生き方を選んでいたかもしれないと話します。

　入院をきっかけとした職場の配置転換で時間の余裕ができ、さまざまな学びを得る機会を持てたようです。今は、プロジェクトで学んだこと

を仕事にも生活にも取り入れ、実践しているそうです。いろいろな問題を抱えていても、受け入れてくれる仲間がいることは、困難に立ち向かう勇気になります。

プロジェクトへの役割期待

定型発達の人が中心の企業社会の中で、発達障害のある人がキャリアアップを目指すというのは、とてもチャレンジングなことだと思います。

しかしながら、日々、彼ら、彼女たちと接する中で、その苦労や苦悩と向き合い、試行錯誤を繰り返している姿を見ると、いつか多くの方が活躍するときが来ることを確信します。

参加者の一人がこのプロジェクトを「教室で勉強していた小鳥が、一回り成長して帰ってきて、そこで羽を休めて、新しいことを学んでまた外に飛んでいく」と表してくれました。

自分の強さや弱さに向き合い、自身を鼓舞して前向きに生きようとしている人たちを応援し、疲れたときはいつでも戻って来られるような居場所として、このプロジェクトはキャリアアップしたいと願う人の巣箱であり、学び舎でありたいと思っています。

そして、ここから巣立っていく人たちの足跡が、後に続く人たちの道標になっていくことを願っています。

「合理的配慮」のある共生社会を目指して

国際医療福祉大学　小野寺敦志

◎ 合理的配慮とは？──その成立の背景を知る

合理的配慮とは、障害のある人が、その障害のために社会の中で不利益を被らないように、その人の障害の内容や程度に応じたさまざまな対応を行うことを言います。この合理的配慮はどのように形作られたのでしょう。それを知ることは、合理的配慮の意義や内容を理解することにつながりますので、その成立経緯を概観してみましょう。

合理的配慮は、2016（平成28）年4月にスタートした「障害者差別解消法（正式名称：障害を理由とする差別の解消の推進に関する法律）」に基づきます。障害があることで差別されることなく、障害がある人もない人も共に生きていく社会を目指していくことが、その土台にあります。この社会を「共生社会」と呼びます。この法律が作られた背景には、2006（平成18）年、国際連合において採択された「障害者の人権及び基本的自由の享有を確保すること並びに障害者の固有の尊厳の尊重を促進するための包括的かつ総合的な国際条約である障害者の権利に関する条約（以下、権利条約）」があります。この権利条約は、正式名称に記されている通り、障害のある人の人権を守り、その尊厳を尊重してくことが、国を超えてなされる社会になることを目指しています。わが国も、翌年に権利条約に署名し、国内法の整備をはじめとする取り組みを進めてきました。障害者差別解消法の制定はその結果の一つです。権利条約では、障害に基づく差別の撤廃を謳っており、合理的配慮はそれに基づくものです。

では、障害のある人とはどのような人を指すのでしょう。障害者基本法は「身体障害、知的障害、精神障害（発達障害を含む。）その他の心身の機能の障害（以下「障害」と総称する。）がある者であつて、障害及び社会的障壁により継続的に日常生活又は社会生活に相当な制限を受ける状態にあるもの」（第2条1号）と障害者を定義しています。3つの主要な障害に加え「その他の心身の機能の障害」と書かれている通り、障害内容は限定されたものではありません。そして「継続的に日常生活又は社会生活に相当な制限を受ける状態」とは、例えば高齢者が健康を損ねた状態も含まれるといえます。つまり、○○障害と診断されるとか障害者手帳を持っているかどうかだけではなく、上記の状態に該当すれば、障害を有しているわけですから、特定の一部の人たちの課題ではなく、誰にでも当てはまり得るものなのです。

◎ 事業者等に求められる合理的配慮の理解

　合理的配慮の提供は、社会が行うものです。具体的には役所や企業などがその主体です。内閣府のリーフレットには「役所や事業者に対して、障害のある人から、社会の中にあるバリアを取り除くために何らかの対応を必要としているとの意思が伝えられたときに、負担が重すぎない範囲で対応すること（事業者においては、対応に努めること）を求めています」と記されています。

　対応に際しては、役所はその対応が義務付けられている一方、事業者は努力義務になっています。努力義務ではありますが、配慮すべきことは配慮する必要があります。なお、事業者は営利・非営利・個人事業者・法人を問わず、すべての事業者となります。

　事業者による合理的配慮の場合、雇用する従業員への対応や来訪する顧客への対応が主になるといえます。その対応の際の「負担が重すぎない範囲」については、具体的場面や状況に応じて総合的・客観的

に判断することが必要です。対応可否の判断の目安としては、どの程度、事務や事業へ支障を来たすかという影響の程度、技術的制約や人や体制の制約などの実現可能性の程度、費用・負担の程度などが考慮されます。例えば、エレベーターのない賃貸契約の事務所でエレベーター設置を求められた場合、例えば、会社の1階入口に安価で簡易なスロープの設置を求められた場合、その実現性や費用負担の程度が、その会社が負担できる範囲を超えるかどうかで対応の可否が変わります。その他、合理的配慮の例として、役所やお店の窓口に筆記具を準備しておく、業務の指示に視覚情報を同時に示すなどが挙げられます。合理的配慮の内容は、障害の種類によって変わりますので、個別に検討し対応することが求められます。そのときに、対応できるのに対応しないことは、合理的配慮に欠けることになります。一方で、対応が難しい内容の場合は、その理由を当事者に丁寧に説明し、了解してもらうことが求められます。

　なお、障害のない従業員に課していない条件を、障害のある人に提示し、他の従業員より不利な扱いをすることは差別となります。一方、障害を考慮して、障害のない人より優遇した扱いをすることは差別となりません。つまりハンディキャップのある人が、社会的支援等によって、ハンディキャップのない人と同じスタートラインに立てる状況を確保することが、公平・公正・平等といえます。

◎ 当事者支援のための合理的配慮とは

　障害のある当事者から「何らかの対応を必要としているとの意思が伝えられた」際、合理的配慮が求められます。これは同時に、障害のある当事者が、事業者等に対してしっかりと意思表示をしなければならないと理解することもできます。確かに、日本の制度の多くが、基本的に申請主義のため、当人が意思表示をすることが求められていま

す。自分のこととして障害のある当事者が、周囲に「この辺が困っているので、こうしてください」と訴えることが近道かと思います。

　しかし、本当にそれだけでいいのでしょうか。障害の内容や程度によっては、自分から意思表示をすることが困難な人もいます。その点を障害者差別解消法の趣旨に照らし合わせると、障害のある人に適切と思われる配慮を、合理的配慮を提供する側から提案するための建設的コミュニケーションをとっていくことが大切であると指摘されています。合わせて、家族や支援者から、当事者の代わりに必要な合理的配慮の内容を聞きとるという方法も提案されています。

　当事者の意思を尊重することが基本ですが、意思表示がうまくできない人、意思表示自体が難しい人には、周囲の人が積極的に関与して、当事者の意向をくみ取るコミュニケーションが求められます。

　このように、事業者や企業の担当者が、合理的配慮ができるようになるには、これらの法律の趣旨と内容を理解するとともに、どのような環境調整や行為を行えばいいのかといった具体的な方法を身につけることが必要です。そのためには、事業者がその企業内で定期的に啓発活動や研修を実施して、従業員全体に差別解消の必要性と具体的に取るべき行動を浸透させていくことが求められます。その結果が「共生社会」につながっていきます。「共生社会」は、障害のある人もない人も住みやすい社会を目指しています。合理的な配慮は、障害のある人への配慮だけではないといえます。合理的配慮としての環境調整や行為は、障害のない人にとっても十分に優しいものになるといえます。このようなあり方が浸透していくことが、障害の有無にかかわらない住みやすい社会を作っていくことにつながるといえるのではないでしょうか。

【引用・参考資料】

（1）内閣府リーフレット「平成 28 年 4 月 1 日から障害者差別解消法がスタートします！」
　　http://www8.cao.go.jp/shougai/suishin/sabekai.html#law（アクセス：2018/06/29）

（2）内閣府リーフレット「『合理的配慮』を知っていますか？」
　　http://www8.cao.go.jp/shougai/suishin/sabekai.html#law（アクセス：2018/06/29）

（3）内閣府「障害を理由とする差別の解消の推進に関する基本方針」
　　http://www8.cao.go.jp/shougai/suishin/sabekai/kihonhoushin/honbun.html（アクセス：2018/06/29）

第 5 章

発達障害のある人が活躍する未来

働く発達障害のある人のキャリアアップのために

　発達障害者支援法の施行（2005年4月）から13年が経過し、広く社会で発達障害が認知されるようになってきました。法律で規定される障害の中に発達障害が明記されるようになり、特にここ10年程の障害者雇用の現場の変化には著しいものがあります。障害者雇用枠の採用といえば、長らく身体障害の人の採用が中心でしたが、近年数多くの発達障害のある人が採用されるようになりました。発達障害に特化した手帳はありませんし、二次障害としてのうつ病や適応障害で手帳を取得している人もいますので、はっきりした内訳はわかりませんが、この10年間のハローワークを介した就職件数をみるかぎり、発達障害のある人の就職件数の増加は間違いありません。一方で、障害をクローズした（開示しない）まま働いている人も多いのではないでしょうか。

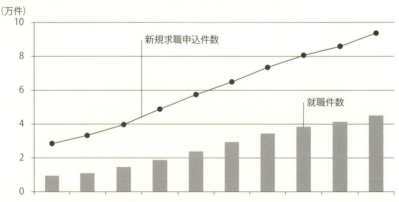

図1 精神障害者の就職件数および新規求職申込件数の年次推移

出典：平成29年度 障害者の職業紹介状況等（厚労省）

キャリアアップしたいという想い

　障害を開示せずに一般就労枠で働いている人も、障害者雇用枠で働いている人も、それぞれのステージでさらなるキャリアアップを願っていることと思います。しかし、障害特性により苦手なことがあり、対処策を見つけられずに困っている人も少なくないようです。著者は、日頃からさまざまな就職相談、転職相談を受けますが、近年特に、就業中の発達障害の人の相談が増えてきていると感じます。その相談内容は多岐にわたりますが、仕事ができるようになりたい、より効率的に作業をこなしたい、そのためにはどのような練習、あるいは勉強をすればよいのだろうか？　というような、具体的かつ切実なものが少なくありません。

　しかし、そうした当事者の強い願いにもかかわらず、実際のキャリアアップは容易ではありません。それは、キャリアアップ以前に発達障害のある人は個々にさまざまな課題を抱えているからです。その課題は、感覚過敏や体力に関わる問題もあれば、手先の不器用さが影響して細かい作業が苦手だったり、特性からマルチタスクへの対応や、人と交渉することが苦手だったりと、多岐にわたります。障害特性をよく理解し、各々に適した工夫や対策を見つけ取り組んでいくことが必要です。

学ぶ機会の喪失、学び残し

　著者のところへ相談に来られた発達障害のある人が次々と就職していく一方で、就業中の人からの相談も増えてきました。そこで、スキルを身につけ、さらなる成長を望む発達障害のある人たちの願いに応える方法はないかと考えてきました。

　新卒で就職すると新入社員研修に始まり、その後、経験や実績に応じ

第5章 発達障害のある人が活躍する未来

て中堅社員研修やリーダー研修が実施されます。これまで日本企業は終身雇用が主流でしたので、新卒者を採用後、時間をかけて育成していく風土がありました。そのため、入社後はその会社に定年まで勤め、仕事に必要な知識と、各年代に応じて求められる知識とスキルをじっくり習得していくことができました。しかし、最近では人材サービス、福祉サービスなどの対人援助型の新しい産業に見られるように、短期間で急成長する会社では、時間をかけて社員を教育していくことができなくなっているかもしれません。スタートアップ企業では即戦力が求められますし、業界によっては長期間の研修の実施が難しい場合もあります。

　概して、発達障害のある人の中には一般就労枠で新卒入社した会社を短期間で離職する人が少なくありません。最初の職業選択で自分に適さない職業に就き、数年間頑張ってみたものの、離職に至り、キャリアチェンジを余儀なくされたという人もいます。対人援助を伴う職業や、大勢とのコミュニケーションが必要な職業、例えば教師、保育士、看護師、作業療法士、言語聴覚士、介護士、社会福祉士など、専門職を目指し、資格を取得したものの、実務を経験し、自分の適性には合わないことを知った人がいます。キャリアチェンジによる再就職では中途採用となりますので、あらためて研修を受ける機会はありません。発達障害のある人の中には非正規雇用や派遣社員としての就労が長い人もいますが、そういった方が障害者雇用枠で中途採用されると、OJTで仕事を覚え、実務をこなしていくというのが現状で、研修の機会はありません。こうしたケースでは、転職やキャリアチェンジにより、学ぶ機会を喪失しているといえるかもしれません。

　一方で、正規雇用で長く同じ企業に就業し、年次に応じた研修に参加していても、理解度に差があり、研修の成果が想定通りとは言えない人、学び残しのある人もいるように思えます。

学ぶ機会の創出

　就業しながらスキルアップ、キャリアアップを目指す発達障害のある人のために「発達障害のある人のキャリアアップ創出プロジェクト」を企画し、2017年より有志で開始しました。発達障害のある人の中には「学ぶ機会を喪失してしまった人がいるのでは？」「学び残しがあるのでは？」という仮説を立てるところからスタートしたこのプロジェクトですが、その仮説はあながち外れてはいなかったようです。

　ゼロ期生のための初回のオリエンテーションでは、参加者一人ひとりに自己紹介をしてもらいましたが、自身の転職とキャリアチェンジの経験を語られ、その後に学ぶ機会がないことを訴える参加者は少なくありませんでした、全員からこのプロジェクトに賭ける想いが伝わり、プロジェクトの必要性を再認識しました。当初から、このプロジェクトの講義内容は就業中の人を対象としたビジネス講座、あるいは企業内研修に準じた内容という位置づけで、実際の業務の実践に役立つものにしたいと考えました。ビジネスシーンで役立つ内容であることに加え、プロジェクト参加者がモチベーションを持って、熱心に受講できるようにすることが最大の目標でした。発達障害のある人はやるべきことがわかれば、その目標に向けて努力を継続することのできる人たちです。さらに職場で活躍したくてもその機会がなく、どのように成果を挙げればよいのかわからずに悶々としている彼らが、スキルアップのためのさまざまな手法を学んだとき、高いモチベーションを持ち、輝くことができるに違いないと思いました。

　一年間のプロジェクトを終えた彼らは、講義の内容に満足し、プロジェクトへの参加をきっかけに実務でのヒントを掴み、仕事の仕方の改善にとどまらず、目を見張るような飛躍的な発展につながった方もいました。

プロジェクトが目指すもの

　第4章では、著者が有志と取り組むプロジェクトの概要および具体的なプログラム内容をご紹介しました。日頃、就業中の発達障害のある人の相談を受ける中で、スキルアップ、キャリアアップを強く願う人たちの想いに応えたいと企画し、現在も2つのプログラムが継続中です。

　このプロジェクトでは、就業中の発達障害のある人たちのビジネスシーンに必要な「言葉にする力」をはじめ、ビジネスの場面で必要な知識を身につけ、「仕事をする力」を伸ばし、最終的には自分で「考え抜く力」を養う目的で構成されています。プロジェクトの日程中、伝えられることは参加者の方々に知っておいていただきたいことのほんの一部、エッセンスでしかありません。プロジェクトでの講義を聞くだけでなく、自分で考えアウトプットすることが重要です。プロジェクトで学んだことを日々の生活に取り入れ、実践していただきたいと思います。

　このプロジェクトに興味を持たれた方、また、参加はできないけれど自らの努力で成長したいと望む方も多いと思います。プロジェクトの中で伝えきれないことは山ほどあります。学生時代の試験勉強や資格試験は試験の時期が決まっていて、合格するために必要な勉強と準備をする時間も明確です。しかし、社会人になってからのキャリアアップは短期間で成し遂げられるものではありません。明確な意識を持ち、日々の生活の中に取り入れ、継続することで目標に近づくことができる長期スパンでの行動です。成長したい、スキルアップしたい、キャリアアップしたいと願う皆さんが個人で努力を続ける中で、知っておいて欲しいこと、押さえておいていただきたいポイントを以下に説明していきます。

安定したパフォーマンス

　仕事のできる人は体調管理にも細心の注意を払っています。そのため、いつでも最高のパフォーマンスを発揮できるでしょう。一方、発達障害のある人の中には二次障害を持っている人もいれば、感覚過敏の影響が大きい人、体力がないため長時間勤務では無理がきかない人もいます。しかし、集中力のある人は多く、短期間でどうしてもこの仕事を完成させなければならないというときには、最大のパワーで頑張り、到底無理だと思われていた仕事をあっという間にやり終えてしまうことがあります。持前の集中力を発揮して、仕事を完成させることは素晴らしいことなのですが、その直後に疲労でダウンしてしまっては元も子もありません。

　学生時代は試験勉強を頑張り良い点数さえとれば、その後に体調を崩しても注意されるようなことはなく、試験の結果だけが評価の対象であったかもしれません。しかし、職場では一つの仕事の成果が高くても、安定してパフォーマンスを発揮できないのであれば、周囲の信頼を得ることができず、仕事ぶり全体としての評価にはつながりません。いつ体調を崩すかわからない人に重要な仕事、定期的に処理が必要な業務を任せることはできないと上司が判断するのは一般的なことです。その結果として、重要度の低い締め切りのない業務を担当することになり、誰がやっても変わらない雑用的な業務が多くなります。このように、職場では常に一定のレベルで仕事をこなせないと、仕事ができるとは認めてもらえません。職場で求められている役割を知り、常に安定したパフォーマンスを提供できるようセルフコントロールしていきましょう。

第 5 章　発達障害のある人が活躍する未来　157

自分を成長させるには

 一歩踏み出す勇気

　組織の中で成長していくためには、経験を重ね、その経験から学び、なおかつ伸び伸びと挑戦し、成長できる環境が求められます。
　「経験」のためには挑戦が必要です。常に自分の能力の範囲内のことばかりやっていても、進歩がありません。自分の能力を高めるきっかけになる仕事や課題に取り組むスモールチャンスが与えられることが一番です。いきなり大きな仕事を任されても、その失敗が予想以上のダメージになってしまうこともあります。個人差はありますが、120％ぐらいの力が要求される課題を与えられ、「いままで経験したことのない仕事」として、「いままでよりも高い質が要求されること」を経験し、仕事に対し、より自信を持てるようになるのが理想です。

 経験から学ぶ力

　次に重要視されるのが「経験から学ぶ力」です。この力が個々の成長の度合いを分けると言っても過言ではありません。同じ経験をしても、成長できない人もいますし、自分の成長など考える余裕もない環境にいながら成長できる人もいます。この差は本人の姿勢と気持ちの持ち方の違いと言えるでしょう。自ら成長の機会を求め、チャレンジし、困難にぶちあたっても乗り越えようという気持ちを持つことが大事です。周囲から促される前に、自らの意欲でポジティブにチャレンジしましょう。

成長の目安

　発達障害のある人の多くが仕事そのもののスキル向上に加え、ビジネスパーソンとして成長していく必要性を感じています。時代の変化につれて、仕事の内容や求められるスピードも変わります。しかし、環境が変化しても、人が成長するプロセスに必要な期間に変わりはありません。新卒の方には、どのような仕事でも２〜３年は頑張りましょう、そのうえで、次のスキルアップ、ステップアップを考えましょうとご案内しています。入社後、最初の２〜３年は、作業レベルの簡単な仕事を任されるのが一般的で、その先に続く仕事の全体像がなかなか見えてこない時期です。どのような業界でもビジネスパーソンとしての基礎力をしっかり身につけるには３〜５年ぐらいかかるのではないでしょうか。ベストセラーを連発しているノンフィクションライターのマルコム・グラッドウェル氏の書籍『天才！　成功する人々の法則』ではスポーツ選手やビジネスマンなど「天才」「一流」と呼ばれる人たちがその地位にのぼりつめた背景を分析しています。人が何かに習熟してスペシャリストになるのには、１万時間かかるとされています。何かを１万時間続けるのにかかる時間は、１日８時間ずつとすると約３年５ヶ月、平日８時間ずつとすると約４年９ヶ月です。天才、一流と呼ばれる人たちは世の中のほんの一握りでしょうが、ビジネスパーソンとして一人前になるためには３〜５年かかるという根拠にもなりそうです。ゴルフや野球でも、ただ打つ練習をするだけではうまくなりません。はっきりした意図と目標を持って、集中して１万時間練習をする必要があるということになります。

　入社後、３〜５年間で目標や課題を少しずつ広げながら実力を身につけましょう。その後、さらに大きな仕事、責任のある仕事へと徐々に経験を積み重ねていけると理想的です。

ビジネスパーソンとして成長するには

　発達障害のある人は、試験や資格取得のための勉強は目標到達のために何をどれだけやればよいかがわかっているため、スムーズに取り組むことができます。ところが、職場での成長というと具体的な目標がイメージできません。**第4章**で紹介しているように、職場でのスキルアップ、キャリアアップへの目標を明確に持ち、自主的に活動していく必要があります。さらに、個人として社会人として成長していくことも重要です。

✔ なりたい自分を目指す

　発達障害のある人の中には、世の中で起こる出来事、戦争や悲惨な事故や事件などをニュースで見るだけでもドキドキしてしまう人がいます。何事も自分に関連づけて考えてしまうのです。自分と他人との境界が曖昧で、例えば学校で先生が他の生徒を注意しているようなときでも、先生の怒る声が自分に向けられているように受け止めてしまいます。大人になってからも同様で、上司が先輩社員を怒っていても、自分が叱られたように感じてしまうことがあります。そのため、世の中の不幸なニュースは知りたくない、世の中で起こる出来事に影響されたくないとテレビを一切観ないようにしている人もいます。しかし、ビジネスパーソンとして周囲にも認められるには、社会の情報を取入れることは必要なことだと思います。発達障害のある人はすべての出来事を自分に引き寄せて受け止めてしまいがちですが、第三者的に俯瞰する視点を持ち、自分に必要なものだけを取り入れる、情報を取捨選択する力を持ちましょう。

知識は得るだけではなく活かすもの

　発達障害のある人の中には、新聞を隅から隅まで読んでいるという人がいますが、スピード感を求められる今の時代にはあまり効率的とはいえません。また、記憶に情報をインプットしているだけでは、その知識を自分のものにしているとはいえません。知識や経験を仕事に活かすには、それらを整理しアウトプットする必要があります。情報を整理することで理解力も深まり、より良い成果につなげることができます。

　アウトプットの方法は、人それぞれです。To Do リストを作成する人や、図を描いたり、数字で考えたりして頭の中を整理する人がいます。インプットした知識を理解し咀嚼して、他の人に教えられるようにまでなれば本物です。どんなに知識が豊富でも、きちんと整理し、アウトプットによって仕事に活かさなければ宝の持ち腐れになってしまうのです。

知識と知恵（経験）の違い

　知識は書物を読んで学ぶことができますが、知恵は経験を通してしか得ることができません。例えば、勉強のできる人は本で「○○力」の知識を得ればそれが身につくと考えますが、本を読むだけでは「○○力」は身につきません。知識と知恵を混同している人がいるようです。学生時代には、教科書や参考書を読み、正確に「知識」を覚え、試験で良い点を取ることが「優秀さ」だと捉えられてきました。同様に社会に出てからも、ある分野の専門知識を覚えた瞬間に、イコールその仕事ができると思い込んでしまうのかもしれません。発達障害のある人の中にはス

第 5 章　発達障害のある人が活躍する未来　　161

キルアップ、キャリアアップのために資格取得の勉強に取り組む人が少なくありません。実際に難関と言われる試験にやすやすと合格する人もいるものの、残念ながらその分野についての勉強をしたというだけでは仕事ができるとは言えません。資格に加え、実務経験が必要です。

仕事力について

　学生の間は、勉強して知識を蓄えることが明確な目標でした。しかし仕事は、試験のように正解が一つとは限りません。考えられるすべての答えから最適なものを選び、行動に移すことが求められます。物事が予想通りに進むことは少なく、むしろ予想外のトラブルに巻き込まれることが殆どです。トラブル対応力こそ、仕事ができる人の能力です。この能力は勉強では身につけることができません。経験に加え、センスが必要です。いくら勉強ができても経験が乏しいと、応用力がないためトラブルに対処できません。想定外のトラブルに巻き込まれると、パニックに陥り、思考停止し何もできなくなってしまう人も少なくないでしょう。

仕事を円滑に進行させる力

　発達障害のある人の中には、一人で黙々と仕事をすることを望む人がいますが、実際の仕事はチームで複数の人が関わって進めるものです。上司や先輩社員に仕事の進捗状況を報告するのは当然のことです。仕事を円滑に進める上で欠かせないのが、「報告」「連絡」「相談」です。それぞれの頭文字をとって「報連相（ほうれんそう）」と言われています。
　適切な報連相とは、①自分の目的や意図が相手に的確に伝わる、②相手がそれに基づいて次の行動を判断できる、という２つの条件を満たす

ものです。自分が伝えたいことと、相手が知りたいことは必ずしも一致しません。しかし、相手の立場に立ち、自分が伝えたいことを整理・理解し、相手が知りたいであろうことも想像して報連相を行えば、その内容は相手が知りたいことに近づくでしょう。職場での適切な報連相（相手にとって必要な情報を伝える）には、上司の立場に立ち、責任者としてどんなことを知りたいだろうかと仮説を立てて考えることが重要です。

漫然と報連相の回数を重ねていても、適切な報連相ができるようにはなりません。職場では、先輩社員や同僚による報連相が日々行われているはずです。周囲を観察しながら、自分だったらどのように報連相するのか、それに対して上司はどのような質問を返してくるのかを想定し、報連相の経験を積み重ねていくこともできます。また、情報を的確に伝えるためのポイントは①要点を整理して伝える、②結論から先に、経緯説明は後に伝える、③事実と意見・推測を区別することです。伝えるタイミングを考慮し、状況が変わったら中間報告を行うことも必要です。

報連相の重要性

ビジネスにおけるコミュニケーションのほとんどは、報連相であるといっても過言ではありません。報連相によって、相手は状況を確認・整理し、次の行動の判断に生かします。部下の報連相によって上司が状況を理解し、次の指示を出せるのが理想です。いかなる業務も「報告」によって完了します。報告は業務の完了を表す行動であり、「終わり」を行わなければ、それまでに遂行した過程が無駄になりかねません。報連相はできて当然のことであり、仕事をするうえでの義務とも言えます。

発達障害のある人の中には、上司が忙しそうにしていると報告のタイミングがつかめない人がいますが、報連相ができないということは、社

第5章 発達障害のある人が活躍する未来

員としての義務を果たせていないということです。また、本人は報連相ができているつもりでも、相手に不足していると思われるなら、求められる基準に達していません。報連相はビジネスシーンでの基本ですから、できていないと上司や同僚からの信頼を得られません。ひいては社内での評価も上がらない、ポジションも上がらないということになりますので、報連相の重要性を意識しておきましょう。また、最初はやらされている感覚が強いかもしれませんが、自主的に報連相を行えるようになれば、自身の仕事の幅が広がり、能力向上につながります。

✓ タスク管理

コンピュータが複数のことを処理する場合、その個々の作業のことをタスクと言います。ビジネスシーンでも小さい単位での仕事や作業という意味でタスクという言葉が使われるようになりました。タスク管理をすることで、頭の中が整理され、順序立てて作業を行えるようになります。職場では目標の達成と効率化を目指すためにタスク管理が何よりも重要ですが、学校や塾ではもちろんのこと、職場でもタスク管理をする方法を教えてくれません。タスク管理をしないと複数の案件が同時進行しているときは「あれもやらなくては」「これもやらなくては」と気持ちばかり焦り、脳へストレスがかかります。

仕事のできる人は限られた時間を管理し、複数ある案件に瞬時に優先順位をつけ、タスクをこなす能力を身につけています。誰でも最初からできるわけではなく、経験と努力を積み重ねることによって獲得した能力と言えるかもしれません。タスクを達成したときは、チェックボックスに☑印を入れたり、線を引いて消したりすると、課題が一つずつ片付いていることを実感する手立てになるでしょう。

世の中の本質をつかむトレーニング

 本質を探り自分のものにする

　受験や資格試験は、いつまでにどのような勉強をすれば合格できるのか事前にわかっているので、やるべきことが明確です。ところが社会人として成長のためにやるべきことは、一人ひとりの状況や目標も違うため、一律ではありません。そのため、各人が成長のために必要なことを明確にし、目標と期限を設定し、日々努力を積み重ねる必要があります。

● モデル例

　著者の知る人物に、発達障害のある人の社会への適応に関して、そのトレーニング方法が参考になるのではと思う人がいます。いくつかの企業で活躍してきたA氏は、ハードワーカーで何人分もの膨大な仕事量を脅威のスピードでこなします。社会に溢れる膨大な量の情報から、A氏がどのように自分に必要な知識を得て、活用しているかをご紹介します。

　A氏にはHSP（Highly Sensitive Person、高度な感覚処理、感受性を持つ人）の特性があるため、発達障害のある人と同様に悲惨なニュースには影響を受けやすく、ニュースを知った後には具合が悪くなってしまうことがしばしばあったそうです。とは言え、仕事上、社会情勢など最新のニュースは把握しておかなければなりません。ニュースを見て沸き起こる感情から視点をずらし、そのような出来事がなぜ起きたのかを考えることで、ニュースへの感情移入を回避できるようになったと言います。結果として対象を俯瞰して見る習慣ができたA氏は、物事を本質的に考えられるようになりました。

第5章　発達障害のある人が活躍する未来

効率的に物事の本質をつかむ

　Ａ氏は関心がないことや前提となる情報がないと、文字情報が頭に入らない傾向があると言います。一方で視覚優位で画像記憶が得意であるため、ネットの情報を流し読みしておけば、新聞を見たとき、ネットニュースの文字情報が映像としてシンクロして、読むという行為が非常に楽になると言います。そして、テレビ、インターネットからのニュースを通じて社会で起きている出来事に触れたとき、その一つひとつに喜怒哀楽を感じるのではなく、常にその原因や本質は何だろうと考えるのだそうです。情報が早いネットニュースで事実を確認し、翌朝の新聞で解説を読みながら本質を探るという作業です。さまざまなニュースを羅列し、そこから見える社会構造上の問題を考え、社会の変化を自分なりに咀嚼するという思考の作業です。そういうふうに物事を見るということは、俯瞰して物事を見る力をつけることにつながります。

アウトプットによる理解の促進

　Ａ氏は物事の原因や本質を考えた後、それを図にまとめることで、考えていることがより整理できると言います。人に何かを伝えるとき、コミュニケーションのツールとして図を用いることで、どのような対象でも、どのような人数にでも自分の考えを語ることができます。また、文章はわかりやすく書くよう努めているそうです。Ａ氏の場合は、考えたことを図にする、その考えについてのコミュニケーションを文字にしてアウトプットする、という訓練を常に行っていることになります。

　そして、さらにＡ氏は、自分の意見を文字にアウトプットできたら、知人に投げてみるそうです。自分の意見を人に投げるというのは、アウ

トプットのトレーニングであり、考えをブラッシュアップするための行為といえます。テニスの壁打ちと同様に、コミュニケーションを上達させるための練習となるでしょう。自分の考えがきちんとまとまっているか（うまく説明できるか）を確認するために、人に話してみるのです。これは相手が誰でもいいというわけではなく、ちゃんとボール（意見）を返してくれる壁（＝練習相手になってくれる人）に対して行います。

　情報の記憶は読むよりも文字を書くほうが有効と言われていますが、アウトプットを習慣化することで、記憶を定着させ、情報を意識的に集めるようになります。それにより、気づく力が身につきます。また、アウトプットは自分の頭の中にある情報を形にする作業です。これを続けることで自分の考えを相手に的確に伝える力をつけることができます。

思考と行動のストレッチ

　発達障害のある人の中には、物事を処理する手順や特定の分野に対するこだわりを持っている人がいます。そして、予定通りに物事が進まないと不安になってしまいます。これらの障害特性が、ちょっとした変化にも弱いと言われる所以です。日々自分で決めたスケジュール通りに過ごすことが、発達障害のある人にとって一番安心できることですが、現状を変えたければ、何かを少しずつ変えていくことも必要です。日々の行動のちょっとした変化からチャレンジしてみてはどうでしょうか？いつもと違う道を通ってみる、電車やバスを利用するときに、一駅手前で降りて歩いてみるなど、自分で試しやすいことから始めるとよいでしょう。思考に関しても同様で、物事を全体から見たり、複数の視点から見たりするなどして練習を重ね、時間をかけて基礎的な思考力を幅広く向上させるように努力していくといいと思います。

第5章　発達障害のある人が活躍する未来

自分がどのようになりたいか

 ロールモデルを探す

　ビジネスパーソンとして成長するには、自分がどのようになりたいかという目標が必要です。自分にとって、具体的な行動や考え方の模範となる人物がいると、人は誰でも無意識のうちに「あの人のようになりたい」とその影響を受けながら成長するといわれています。自分にとってのロールモデル（模範、手本となる人）は、自分の観察できる範囲内で印象的な人、自分よりも高いレベルの人を選びます。例えば、身近にロールモデルとなる先輩がいれば、その先輩と同じようなタスクをこなせるレベルをスキルアップの照準とすることで、明確で現実的な目標が設定できます。それが3年ぐらい上の先輩であれば、職場における自分の目指すべき姿をイメージしやすく、また3年後までに何ができるようになっていなければいけないのか、具体的に考えることができるでしょう。

 観察して実践する

　ロールモデルとなる人が見つかったら、その先輩の行動をよく観察します。発達障害のある人は周囲の状況に思いが至らないことがありますが、先輩の仕事の進め方をはじめ、上司や部下との接し方、どういうときにどういう行動を取るのかまで観察します。次に、その先輩の行動を真似してみて、その後で実行に移します。実践を通して、仕事に取り掛かる前の準備や物事の進め方がとても効率的に行われていることを実感

するでしょう。徐々に先輩の行動の根拠を理解し、行動パターンを自分のものとして身につけられるようになるでしょう。

✔ どのように見られたいか

　発達障害のある人の中には、おしゃれに無頓着な人がいますが、見た目の印象は重要です。スーツを着用する職場では、服装について悩む必要はありません。また、金融機関等の職場では制服を着て働く女性の姿を見かけますが、一般の職場では制服は珍しくなっています。制服に着替えるのが面倒と思う人がいる一方で、私服に気を遣わなくて済むので、制服があるほうがよいという人も一定数はいます。

　最近、多くの職場ではクールビズなど、ビジネスカジュアルが取り入れられています。スーツや制服以外の服装には個人のセンスや季節感が出やすく、発達障害のある人の場合、注意が必要です。

　男性のクールビズはノージャケット、ノーネクタイのスタイルが一般的です。雑誌などではクールビズ用のファッションも紹介されていますが、わざわざクールビズ用の洋服を購入する人も少ないと思います。発達障害のある人の中には黒い服を好む人をみかけますが、素材は夏らしく薄手の素材を選択するのが好ましいでしょう。女性のクールビズは変化をつけづらいのですが、ブラウスを薄手で少し透けた感じのある素材に変更すると、涼しげな印象が加わります。柔らかい素材でフリル付きやドレープ仕立てのブラウスが流行っています。常にきちんと仕事をする人というイメージを周囲に持ってもらうには、研修などちょっとした行事に参加するとき、来客に応対するときなどには、夏らしい薄手の素材のブラウスに一重のジャケットを合わせると、ソフトな中にも落ち着きのある印象を与えることができます。

第 5 章　発達障害のある人が活躍する未来　**169**

根回し

　仕事をうまく進めるためには、関係者には事前に説明を行い、非公式な合意形成を済ませておくことが必要不可欠です。それを「根回し」と言います。上司に対して、業務の途中経過を伝えず、結果だけを知らせると、「勝手に仕事を進めた」と思われてしまうこともあります。こうした場合には、組織のルールがわからない人と判断されてしまいます。どんなに良い企画や提案でも直属の上司を飛び越して、いきなり部長や役員に話をしてしまうのも NG です。企画自体、日の目を見ないものになってしまうでしょう。

社内での根回しと人脈づくり

　会議などで自分の企画案を通すためには、前もって非公式に関係者の意向を聞き、了解をとりつける「根回し」が必要です。いくら素晴らしい企画や提案書でも、根回しをせずに社内の承認を得ることは困難です。交渉ごとは発達障害のある人にとって一番苦手なことかもしれませんが、日常ひんぱんに行われる活動です。

　根回しのためには、対象となる案件の関係者を把握する必要があります。決定権を持つのは誰と誰なのか、その人たちに最も影響を及ぼすことができるのは誰なのかなどです。例えば、直属の上司である課長に自分の企画を採用してほしいときには、課長がふだんから信頼している先輩がキーパーソンです。日々の先輩との交流（挨拶や仕事上のやりとり）を通して、困ったときには協力してもらえるような関係を築いておきま

す。企画の決定が会議によってなされる場合には、出席者全員に事案の趣旨をあらかじめ説明しておき、その議案の承認への協力を依頼します。

根回しの仕方

　根回しは非公式なものですので、決定までは部外者に伏せておかねばならない事項も多く含まれています。また、こちらの考えを一方的に伝えるよりも、相手に相談して意見を聞く形をとるほうが受け入れられやすいことがあります。相手に考える余裕を与えるためにも、相談の日時は余裕を持って設定する方がよいでしょう。修正意見が出たときには、なるべく取り入れる方向で進めると、事案に関わっているという相手の意識も高まります。根回しを成功させるためには、社外でも社内でも、日頃から誰とでも分け隔てなく接し、社交的とまではいかないまでも誠実で信頼のおける人という印象を持ってもらうことが大切です。

根回しこそ、企画や提案を通す早道

　自分の意見を主張するとき、上司と意見が異なる場合には細心の注意が必要です。まず、上司の考えをよく聞き「なるほど、○○を○○するというわけですね」と復唱します。ここで違う方法を提案したくても、決して上司の案を否定してはいけません。一呼吸おいてから「ところで、○○の点なのですが、例えば○○をしたらいかがでしょうか？」とやんわりと提案し、上司に決定を委ねる形にもっていくのがよいでしょう。

　企画案、提案が通らなくても、時期を見て再提案すれば、通ることがあります。周囲の人たちが企画や提案を通すため、根回しに割く時間は恐らく発達障害のある人が想像する何倍にも及ぶでしょう。

第5章 発達障害のある人が活躍する未来

ネットワークを作っておこう

社内で相談できる人

　社会に出てから大切なことの一つに、相談できる人がいることが挙げられます。職場の上司や先輩に何でも相談できるに越したことはありませんが、いくら面倒見のよい上司や先輩でも、いつまでも頼ってばかりではいられません。幅広く意見を聞くためにも、他にも相談できる人がいると助かります。

　皆さんは、「メンター」という言葉を聞いたことがあるでしょうか？
　自分自身の仕事やキャリアの手本となり、助言・指導をしてくれる人のことを指します。最近では、入社3年以内の若手社員の離職率の上昇が問題になっていますが、先輩社員が後輩の課題や悩みの相談にのるメンター制度の導入により、若手の成長を促すとともに、メンタル面でのサポートとなり会社への定着を促している企業が注目を集めています。このようなメンター制度を導入する企業が増えてきました。

　メンターは、「助言者」「相談相手」「師匠」を意味する言葉です。新入社員や後輩に対し、職務上の相談にとどまらず、人間関係、身の処し方など個人的な問題にまで広く相談に乗り、助言を与える役割を担います。1980年代のアメリカで人材育成の手法として制度化され、その後、日本でも導入が進められてきました（『人事労務用語辞典』）。

　読者の皆さんが働く会社にはこのようなメンター制度がないという場合にも、会社のこと（組織や社内での物事の進め方）を相談できる、メンターに代わる立場の人がいれば、心強いでしょう。

支援者の存在

　発達障害のある人が企業に採用される際、「健康状態に何かあったときに備え、連絡を密にしておきたい」「困ったときに相談できるところがあると安心」という理由で、支援機関への登録を推奨されることがあります。この場合、在住地域の発達障害者支援センター、障害者職業センター、障害者就労支援センター等に登録し、定着支援を依頼します。この定着支援では、入社後（目安として）半年程度、月に1回、支援者が職場を訪問し、何か困り事や不安なことはないか、話を聞きます。2018年度からは（就労移行支援等を利用し、一般就労した人を対象に）、就労定着支援サービスが創設されました。就労後、半年〜最大3年間、支援を受けることができます。仕事上の問題に限らず、職場では話しにくいことを支援者に聞いてもらうことで安心し、就労定着につながると言われています。コミュニケーションに苦手さを感じている人にとって、自分の想いを代わりに職場に伝えてくれる点で、非常に有効な支援です。

　しかし、著者が当事者からの数多くの相談を受けて感じることは、相談者の聞きたいこと、教えてもらいたいことは、職場でのコミュニケーションの問題に限らないということです。相談の多くはちょっとした仕事の進め方や、資料を作成する際のレイアウト、パソコンの機能に関することなどです。また、障害者雇用枠で就職する人はさまざまな業務に就いていますが、極めて専門性の高い業務に就いている場合もあります。支援機関の支援者は大学を卒業したばかりの方であることが少なくありません。企業経験のない人では質問や相談に対応するのが難しいこともあるかもしれません（そうした場合の対応策はp.174を参照）。

第5章 発達障害のある人が活躍する未来

企業経験者による適切な支援
―必要なのはプロボノ？

　具体的な業務内容についての相談には、機密性の点からも上司や先輩でないと答えられないでしょう。しかし、就労経験の少ない発達障害のある人がつまずいている問題は意外に単純なことである場合があります。資料作成にあたり、「この枠（セル）を広げたいけれどうまくいかない」「○○方式のスタイルで作成するように言われたが、その方式で作成したことがない」というようなことであったりします。パソコン操作に関しては、知人や友人にパソコンに強い人がいれば教えを乞うことで簡単に解決するでしょうが、日頃交流している人がいなければ相談できる人がいないということになります。

　一般的な知識や、経理や総務等の業務概要や仕事の流れなどは、該当業務の経験者であれば説明することができるでしょう。就労経験の少ない発達障害のある人の質問に対しては、企業に長く勤務した経験のある人ならばほぼ答えられるのではないかと思います。

　「プロボノ」という、企業で働く人が自分（仕事）のスキルを活かして行うボランティア活動がありますが、これらプロボノの方々に発達障害を理解し、適切な対応をしてもらえたら、発達障害のある人の仕事上での悩みの多くは解消するに違いないと思っています。職場では周囲の人が多忙にしているために、質問や相談のタイミングを見測ることができず、いつ質問してよいのか困っている当事者は多いからです。

●プロボノ：社会人が専門知識や技能を生かして参加する社会貢献活動。ラテン語の「Pro bono publico（公益のために）」から（『知恵蔵』）。

発達障害のある人を支えるための効果的な方策

 職場でのサポートの現状

　特例子会社や特定の部署で障害者雇用を行う場合、支援に関わる社員数をどの程度見込むかという問題があります。特例子会社は、障害者の雇用促進および就労定着を図るために、事業主が障害者の雇用に特別の配慮をする会社です。特例子会社では、バリアフリー等の設備面はもちろん、障害内容を考慮した業務の切り出しを行うなど、さまざまな配慮が行われています。その配慮の中でも特に重要なのが、当事者をサポートする社員の配置でしょう。障害の種類や就労経験にもよりますが、知的障害のある社員を多数雇用する事業所では障害のある社員2～3名に対し、1名のサポート社員を配置する職場もあります。発達障害のある社員に関しては、5～7名に1名のサポートの配置が一般的なようです。

一般の職場に配置した場合の課題

　配属先では、発達障害のある社員に対してサポート担当者が選任されます。マンツーマンで指導・育成を行いますが、気をつけなければならないのが担当社員の疲弊です。発達障害のある人の中には、「細かいことが気になる」「次から次に質問する」タイプの人がいます。質問は不安の表れでもありますので、丁寧に対応しなければ不安は解消できません。
　担当者も自分の業務を持ちながら、当事者の指導を行うことになります。細かい質問が頻繁に続くと、サポート担当社員の時間外勤務が増え

第5章 発達障害のある人が活躍する未来

たり、度重なる質問に辟易したりという状況になりがちです。そのため、チーム全体で発達障害のある社員を支えることが必須です。

　担当社員の疲弊の原因となるもう一つのパターンは、発達障害のある社員からプライベートな話を延々と聞かされることです。どこまで他人に話してよいのかの線引きがないため、職場で話すべきではないプライベートなことも相手がどう思うかを考えずに話してしまいます。さらに、話を要約することも苦手なため、思いついたまま延々と話し続けることになります。最初は親切に話を聞いてあげようと思っていた指導係も、長い話を度々聞くことに辟易してしまうようになります。周囲も代わるがわる発達障害のある社員のサポートをすること、人事担当者や上司も指導係の社員をフォローすることが必要です。社内一丸となって、発達障害のある社員のサポート体制を構築していかなくてはなりません。当事者が自分でできる対策としては、日頃相談できる人、話を聞いてくれる人を見つけておくことです。発達障害のある人が長い職業人生を過ごしていくためには、相談できる場所、相談できる人を探しておくと困ったときに役立ちます。問題が発生する前に、もしものときに相談できる場所を考えておくことは、安定した就業生活を送るためにも重要です。

発達障害のある部下の育成・指導

　最近では組織のフラット化や業績・結果志向の高まりから、プレーヤーとしての仕事も抱える管理職が増えています。こうした管理職の場合、目の前の業務に精一杯で、部下の指導・育成やマネジメントにまで十分に手が回らないことがあります。障害開示については本人の希望を踏まえますが、特性などの詳しい情報の取り扱いと開示について検討し、職場全体で当事者をサポートできる体制を確立しておく必要があります。

発達障害を理解する人材を増やすために

　職場では誰しもが自分の仕事を抱えていますので、状況によっては発達障害のある社員の指導が負担になることもあります。p.175 でも紹介した通り、相性や指導スキルの問題もあるかもしれませんが、発達障害のある社員の指導担当者の疲弊が報告されています。当事者の上司、あるいは採用した人事担当者が異動や転職をしてしまうというケースもあります。その会社で初めて発達障害のある人を面接・採用した人事担当者が転職してしまい、職場に指導する人材がいないという理由で、雇用契約が更新されなかったという事例もあります。周囲が発達障害のある社員に自然に接し、暖かく見守り、必要なときには適切なサポートができるような職場が増えることが理想です。

　これまでに、発達障害のある社員が活躍するさまざまな企業の職場を見学してきました。静かで正面の社員の視線を気にすることなく仕事ができるオフィスレイアウトや、ちょっとした休息を取れるコーナーやリラックスできるツールなどを備えた職場もありました。発達障害のある社員の質問や相談に対応するスタッフが配備されている職場も増えてきたと感じています。障害者雇用率の引き上げも後押しして、これからは一般の職場に配属される発達障害のある人がさらに増えてくることでしょう。発達障害のある人への適切な対応のできる人も増えていると感じます。こうした人は、得てして業績優秀であるばかりでなく、多様性（ダイバーシテイ）に対応できる柔軟な思考の持ち主であることが多いように思います。今後は多様な人材への対応力を必要な能力として取り上げ、評価していくのも一つの方法ではないかと思います。

第 5 章　発達障害のある人が活躍する未来

おわりに

　就職活動で戸惑っている発達障害のある人のお役に立つことを願い、スタートした発達障害と就労シリーズは第 10 弾の刊行を迎えました。この年月の間に発達障害のある人の就職件数は著しく伸び、そして、就業した人の中には、さらなる飛躍を求め、転職を目指す方も増えてきました。ひと頃（わずか 10 年前ですが）の就職活動では皆さんが苦戦を強いられていたことを知る著者としては、この変化を大変嬉しく思います。しかし、キャリアアップという次のステップに向けては、さらにいくつもの壁を乗り越えていく必要があることも実感として持っています。

　著者は、就業している当事者の方や、本書でもご紹介した「発達障害のある人のキャリアアップ創出プロジェクト」に参加する皆さんとの交流を続けています。そのやりとりの中で、高い集中力を持ち、手順のわかっている仕事では高いパフォーマンスを発揮できる人たちが、一方で障害特性からさまざまな苦手さを持ち、それぞれに苦労していることを知りました。細部に注意がいく、正確性にこだわるといった特性は、仕事をするうえで、本来長所と言えるのではないでしょうか。発達障害のある人は、職場のように構造化された環境では非常に高い力を発揮できる方々です。しかし、現代では情報の取捨選択にスピード感が必要なため、瞬時の判断ができずに困っている当事者もいます。ほとんどの職場では、発達障害のある人がその特性を活かせる仕事の種類は少なく、彼ら／彼女らの類まれなる能力は十分に活かされていません。

　かつての日本企業では、新卒で採用した社員を定年まで雇用するのが一般的で、どのような新入社員でも周囲が時間をかけて育て上げていき

ました。そのような環境であれば、発達障害のある人も安心してゆっくり成長していくことができたでしょう。しかし、現代の雇用環境にそうした余裕はなくなりつつあります。

　受験や資格試験の際に、よい成績をとる発達障害のある人が多いのは、勉強ではやるべきことと期限が明確であるからに違いありません。発達障害のある人は、やるべきことがわかればできる人たちです。当然わかるだろうと思えることも、敢えて言葉で伝える必要があります。ちょっとしたコミュニケーションの工夫が発達障害の人たちが働きやすい職場をつくり、彼ら／彼女らの安定したパフォーマンス発揮につながります。

　発達障害の人がさらに活躍するにはどうしたらよいか、本書では、さまざまな視点でキャリアアップに必要なことの具体例や相談先を解説してきました。発達障害のある人が一人ひとり異なるように、本書においてもどれが正しく、どれが役立つというような、唯一絶対の答えはありません。また、働き始めてからの成長は試験勉強とは異なり、一朝一夕で達成するものではなく、階段を上っていくように、一段一段積み重ねて、次のステージへと少しずつ近づいていくものです。本書が、発達障害のある人がキャリアアップを目指し、さまざまな方法を試す中で、自分に合う方法を見つける一助になればと思います。

　ご協力いただいた共著者の皆様、ご多忙にもかかわらずコラムの執筆を快く引き受けてくださった皆様のおかげで、本書は多角的な視点を備えることができました。専門家の視点から当事者に向き合い、見守り、教育・医療・支援に全力を注いでいる関係者の皆様に心より御礼を申し上げます。発達障害のある人が自身の将来に明確なキャリアデザインを持ち、充実した職業生活を送れるようになることを心より願っています。

石井京子

著者

石井京子（第1章・第5章）

一般社団法人　日本雇用環境整備機構　理事長

上智大学外国語学部英語学科卒業。通信会社を経て、障害のある方専門の人材紹介事業に創設期より参加。複数の人材サービス会社にて、数多くの企業に障害者雇用に関するコンサルティングサービスを提供。（株）A・ヒューマンで発達障害のある方のキャリア相談に対応。発達障害のある方の就労に関する執筆や講演活動にも積極的に取り組む。

（一社）日本雇用環境整備機構　http://www.jee.or.jp/

池嶋貫二（第3章）

セットパワード・アソシエイツ　代表

一般社団法人　日本雇用環境整備機構　理事

近畿大学理工学部数学物理学科卒業。SIer企業を経て、特例子会社・人材サービス企業にて障害者の人材紹介、人事採用、事業マネジメントなどに従事。2009年に障害者の就活支援と企業の障害者採用支援のサービス提供を開始（神戸市）。障害・がん疾病啓発活動の講師も担う。

榎本　哲（第4章）

つむぐびとプロジェクト　主宰

医薬品企業で、営業企画、人事、総務、労働組合、広報、等の職務に従事。一方で、長年にわたり病気や障害の当事者、家族支援をテーマに、医療福祉分野の社会活動に携わり、中間支援を中心に複数の団体の理事や評議員、スーパーバイザー等を担う。現在は、発達障害を中心に、難病、障害、介護、LGBTなどの社会的困難を抱える人の社会参加（就労・キャリア形成）に関する実践研究、学びのある居場所づくりに取り組んでいる。

林 哲也（第2章）

さいとうクリニック（精神科）医師

合同会社ライムライト　代表

信州大学医学部卒業。さいとうクリニックにて依存症・家族機能不全に由来する諸問題に即した精神科外来を担当する傍ら、自身が代表を務める合同会社ライムライトでは、大人の発達障害などの精神疾患と就労の両立に関する相談、民間企業を中心に複数事業所の産業医・顧問医などを担当している。また日本薬科大学にて教鞭をとる他、国内外で活躍する医療関係者の支援、医療通訳・翻訳も行っている。

コラム執筆者（掲載順）

安尾真美

特定非営利活動法人さらプロジェクト理事／キャリアデザイン学修士／産業カウンセラー

大学卒業後、経営コンサルティング会社にて企業の売上拡大や人材育成支援に携わった後、2012年9月NPO法人さらプロジェクトに入職。現在、就労移行支援事業所さら就労塾において、障害者の就労支援と企業への障害者雇用支援を担当。また2015年より就労に困難を抱えた若者の支援にも取り組んでいる。

對馬陽一郎

特定非営利活動法人さらプロジェクト

就労移行支援事業所さら就労塾＠ぽれぽれ　職業指導員

弘前大学人文学部卒業。IT系企業を経て、2009年より発達障害のほか精神、知的、身体の方など様々な障害の人へ向けて職業訓練を行う「さら就労塾＠ぽれぽれ」に入職。パソコン操作、事務作業、職場マナー等の職業訓練に携わる。著書に『ちょっとしたことでうまくいく 発達障害の人が上手に働くための本』（翔泳社）がある。

岩本友規

明星大学　発達支援研究センター　研究員

中央大学法学部卒業。33歳のとき発達障害の診断を受け、翌年レノボ・ジャパン株式会社へ転職。同社でシニアアナリストを務めながら、副業として発達障害のある人の「自立」「主体性」の発達研究や、執筆・講演などの普及活動を行い、2018年から現職。日本LD学会LD-SKAIP委員。著書に『発達障害の自分の育て方』（主婦の友社）がある。

小野寺敦志

国際医療福祉大学　赤坂心理・医療マネジメント学部　准教授

NPO法人若年認知症サポートセンター　理事

日本大学文理学部心理学科卒業。大学病院等を経て、2001年より認知症介護・研究研修東京センターに勤務。勤務時に日本大学大学院にて修士（人間学）取得。2009年より現職。社会活動として、若年認知症当事者とその家族ならびに支援者の支援に取り組んでいる。介護職のストレスマネジメントの研究ならびに支援等も行っている。

人材紹介のプロがつくった
働く発達障害の人の
キャリアアップに必要な50のこと

2018（平成30）年11月30日　初版1刷発行

著　者　石井京子・池嶋貫二・榎本哲・林哲也
発行者　鯉渕友南
発行所　株式
会社　弘文堂　101-0062　東京都千代田区神田駿河台1の7
　　　　　　　　　TEL03（3294）4801　　　　振替00120-6-53909
　　　　　　　　　　　　　　　　　　http://www.koubundou.co.jp

ブックデザイン　松村大輔

印　刷　大盛印刷

製　本　井上製本所

© 2018 Kyoko Ishii et al., Printed in Japan.

JCOPY ＜（社）出版者著作権管理機構　委託出版物＞
本書の無断複写は著作権法上での例外を除き禁じられています。複写される場合は、
そのつど事前に、出版者著作権管理機構（電話 03-5244-5088、FAX 03-5244-5089、
e-mail：info@jcopy.or.jp）の許諾を得てください。
また本書を代行業者等の第三者に依頼してスキャンやデジタル化することは、たとえ
個人や家庭内での利用であっても一切認められておりません。

ISBN978-4-335-65184-7